Dr. Norman Schmid

Nicht immer denken

Die Kraft von Achtsamkeit, Stille und Konzentration

maudrich

Dr. Norman Schmid
Klinischer- und Gesundheitspsychologe, Neuro- und Biofeedback-Therapeut, Leiter des Fachbereiches Psychologie bei Dr. Schmid & Dr. Schmid, Hygieia-Gesundheitsförderung, Praxis für Psychologie und Medizin, St. Pölten. Geschäftsführer von Dr. Schmid & Dr. Schmid OG, Gesundheits- und Persönlichkeitsentwicklung. In dieser Funktion Konzeption und Durchführung von Gesundheitsförderungs-Projekten, Workshops und Coaching für Betriebe und Institutionen. Seit 2004 Leiter des Berufsverbandes Österreichischer Psychologen (BÖP), Landesgruppe NÖ. Lehrtherapeut und Supervisor an der Österreichischen Akademie für Psychologie.

www.schmid-schmid.at
www.worklifebalance.at

Wegen stilistischer Klarheit und leichterer Lesbarkeit wurde im Text auf die sprachliche Verwendung weiblicher Formen verzichtet. Ausdrücklich sei hier festgehalten, dass die Verwendung der männlichen Form inhaltlich natürlich für Frauen und Männer gilt und keinesfalls einen sexistischen Sprachgebrauch darstellt.

Bibliografische Information der Deutschen Nationalbibliothek
Die Deutsche Nationalbibliothek verzeichnet diese Publikation in der Deutschen Nationalbibliografie; detaillierte bibliografische Daten sind im Internet über http://dnb.d-nb.de abrufbar.

Umschlaggestaltung: Florian Spielauer
Typografie & Satz: Norbert Novak, MEDIA-N.at
Umschlagfoto: © Prod. Numérik – fotolia.com
Druck: Finidr, Tschechien
ISBN 978-3-85175-992-1

Auch als E-Book erhältlich: ISBN 978-3-99030-284-2 (pdf)
ISBN 978-3-99030-285-9 (epub)

Norman Schmid
Nicht immer denken

Für meine Eltern

Mit „Nicht immer denken. Die Kraft von Achtsamkeit, Stille und Konzentration." hat Dr. Norman Schmid ein wichtiges Buch für Interessierte, Angehörige und Betroffene geschrieben. Gerade in unserer schnelllebigen Zeit ist es notwendig den „Geist wieder zur Ruhe zu bringen". Eine breite Palette von Entspannungstechniken und kognitiven Strategien wird ausführlich dargestellt. Beispiele aus dem reichen Erfahrungsschatz des Autors veranschaulichen die zentralen Problemfelder. Die vorgestellten Therapiebausteine sind für eine umfassende Therapie unerlässlich.

Prim. Priv. Doz. Dr. Martin Aigner
Facharzt für Psychiatrie und Psychotherapeutische Medizin,
Abteilung für Erwachsenenpsychiatrie, Landesklinikum Tulln

Autor der Bücher
„Schmerzen ohne Ursache – Schmerzen ohne Ende" und
„Psychopathologie: Anleitung zur psychiatrischen Exploration"

In der Psychologie gibt es ein umfangreiches Wissen darüber, wie man Stress bewältigen und die Herausforderung des modernen Lebens meistern kann. Dieses Buch stellt einen exzellenten Beitrag dazu dar, dieses Wissen in der Praxis umzusetzen.

Mag. Herbert Redtenbacher
Klinischer- und Gesundheitspsychologe,
Wiener Institut für Neurofeedback und
Biofeedback

Das Besondere an diesem Buch: Es beschreibt vier Wege, die es wie bunte Fäden durchziehen. Sie werden in Theorie und Fallbeispielen zu einem Seil verknüpft, das vielen Menschen dabei helfen kann, sich aus dem Wirbel unheilsam kreisender Gedanken zu befreien und sich den heilsamen Seiten des Lebens zuzuwenden. Gut verständlich und mit Leichtigkeit führt es in die Welten der Achtsamkeit, der Hypnose, der kognitiven Umstrukturierung und des Neurofeedbacks ein.

Dr. Michael E. Harrer

Psychiater und Hypnosepsychotherapeut

Autor der Bücher
„Burnout und Achtsamkeit",
„Das Achtsamkeits-Buch" und
„Das Achtsamkeits-Übungsbuch"

Inhalt

I „Nicht immer denken"

Einleitung

Zuviel denken macht krank. Es macht erschöpft, ängstlich, depressiv, gereizt, besorgt, wütend, verzweifelt und leer. Manche macht es auch körperlich krank oder gar verrückt, auch wenn wir in der Psychologie den Begriff der psychischen Störung bevorzugen. Philipp Zimbardo, Verfasser eines der Standardwerke der Psychologie, hat ein treffendes Zitat verwendet: „... wir lernen zu denken, emotional oder auch frustriert zu sein, ein Magengeschwür zu bekommen, und schließlich lernen wir auch noch, geisteskrank zu werden" [44].* Das klingt ganz schön provokativ und sollte es wahrscheinlich auch sein. Ich habe dieses Zitat selbst gerne beim Unterrichten von Studenten verwendet und war immer wieder auf die Reaktionen gespannt. Zunächst standen Schweigen und Irritation in den Gesichtern der Studenten und dann ganz allmählich entwickelten sich Fragen und Anmerkungen. Besonders häufig wurde der Schluss des Zitats („... wir lernen ... ein Magengeschwür zu bekommen, und schließlich lernen wir auch noch, geisteskrank zu werden.") hinterfragt, relativiert und auch abgeschwächt. Gerade so, als wäre es unangenehm, glauben zu können, dass unser Verhalten, unser Lernen und Denken für die Entwicklung körperlicher Erkrankungen und psychischer Störungen verantwortlich sein könnte. Das erscheint auf den ersten Blick durchaus etwas bedrohlich, erschüttert es doch den Glauben an die Unversehrtheit der eigenen Psyche und die Robustheit des Körpers. Und doch werden Sie im Laufe dieses Buches feststellen, dass unser Denken eine enorme Kraft besitzt und Auswirkungen auf Körper und Geist hat, die zunächst nicht zu erwarten wären. Diese Auswirkungen gehen in beide Richtungen, sowohl in die negative als auch in die positive.

Unser Denken hat Auswirkung auf Körper und Geist.

Denken kann gesund, glücklich, selbstbewusst, optimistisch, lustig, zufrieden, ausgeglichen und energievoll machen. Das ist die positive Seite der Gedanken, man könnte sagen, „die helle Seite der Macht der Gedanken" (Star Wars lässt grüßen!). Diese Seite

* In der eckigen Klammer [] finden Sie jeweils Verweise auf die Literatur, S. 208 ff.

wird oft dem Zufall überlassen und stellt sich mit etwas Glück von selbst ein. Aber auf das Glück – auf Fortuna, die Göttin des Glücks – sollte man sich nicht verlassen. Es ist besser, das Glück selbst in die Hand zu nehmen oder, treffender gesagt, in den Kopf, schließlich sind unsere Psyche und unser Denken der Schlüssel zu einem glücklichen und selbstgestalteten Leben.

„Das Glück wohnt nicht im Besitze und nicht im Golde, das Glücksgefühl ist in der Seele zu Hause." (Demokrit, 4. Jahrhundert v. Chr.)

Manchmal ist es jedoch besser, auf diese Macht gezielt zu verzichten und nicht immer zu denken. In diesem Buch stelle ich vier Strategien vor, die sich in der Praxis außerordentlich gut bewährt haben, um das Denken zu beeinflussen und für bestimmte Momente „abzuschalten". Es handelt sich dabei um Achtsamkeit, kognitive Umstrukturierung (die Veränderung negativer Gedankenmuster), Hypnose und Neurofeedback (die Kontrolle der eigenen Gehirnwellen).

Anhand von Fallbeispielen aus der Praxis (S. 121 ff.) werden Sie mitgenommen in die Therapiestunden eines Klinischen Psychologen. Sie sind hier Gast und Zuhörer und können dabei (fast) hautnah erleben, wie das Denken, wie negative Gedankenkreise dazu führen, dass sich Beschwerden wie Burnout, Depression, Ängste oder Schlafbeschwerden entwickeln. Sie können erfahren, wie es gelingt, durch „Nicht immer denken" diese Beschwerden zu bewältigen und wieder aufzulösen, und was es braucht, um gesund

Folgende „Nicht-Immer-Denken-Strategien" lernen Sie in diesem Buch kennen:

- ↘ Achtsamkeitsmeditation: bewusst und wach leben (siehe S. 50 ff.)
- ↘ Kognitive Umstrukturierung: negative Gedankenmuster verändern, anders denken (siehe S. 76 ff.)
- ↘ Hypnose: die Kraft des Unbewussten (siehe S. 85 ff.)
- ↘ Neurofeedback: mit der Mensch-Maschine die eigenen Gehirnwellen kontrollieren (siehe S. 102 ff.)

und leistungsfähig zu bleiben. Schließlich geht es um ein selbstbestimmtes Leben, ein Leben im eigenen Rhythmus und zur Entwicklung des individuellen Potenzials.

Im Buch finden Sie viele praktische Übungen für zu Hause. Mit deren Hilfe können Sie sofort beginnen, die Kontrolle über Ihre Gedanken zu fördern, den rastlosen Geist zur Ruhe zu bringen und schlicht und einfach auch nur „abzuschalten", um die Kraft von Achtsamkeit, Stille und Konzentration wirken zu lassen.

Die Informationsüberflutung

Unser Leben ist schrill und laut, vollgefüllt mit tausend Informationen und Reizen, die jeden Moment auf uns einprasseln. Wir erleben wechselnde Bilder in der Umgebung, wenn wir mit Auto, U-Bahn oder dem Rad unterwegs sind. Menschen, die von einem Ort zum nächsten hetzen, Werbeflächen, die nicht nur in Wahlzeiten ganz schön penetrant sind oder ein Film nach dem anderen im Fernsehen. Lärm und Geräusche überall, Menschen, die durcheinanderreden, Musik aus Lautsprechern oder Handys und den ständigen Verkehrslärm. Verschiedene Empfindungen, Kälte und Hitze, trockene oder elektrisch aufgeladene Luft. Gerüche, die durcheinander wabern (besonders in den öffentlichen Verkehrsmitteln) und einen undefinierbaren Mix ergeben, der nicht gerade dazu geeignet ist, der nächste Parfum-Bestseller zu werden.

Im Fokus steht die Filterung von Informationen.

Je greller, je schillernder, desto eindringlicher wirkt dies alles. Und es erfordert einiges an Energie, um diese Einflüsse zu filtern, nur das Wesentliche hereinzulassen und Störendes auszublenden. Eine der großen Herausforderungen unserer Zeit ist die Filterung von Informationen, den Fokus darauf zu legen, was wirklich wichtig und bedeutsam ist. Es bedarf einiger Anstrengung, sich von den Verlockungen der vielfältigen Einflüsse nicht (oder nicht immer) verleiten zu lassen.

Wahrnehmung und Gedächtnis als Torwächter

Der Weg von Informationen in unserem Gehirn läuft über verschiedene Gedächtnissysteme. Ein Reiz wandert durch unsere Sinneskanäle (Sehen, Hören, Tasten, Riechen, Schmecken) über das sensorische Gedächtnis (Ultrakurzzeitgedächtnis) zum **Kurzzeitgedächtnis** (Arbeitsgedächtnis), bis er schließlich im **Langzeitgedächtnis** eingespeichert wird [22].

Wie unser Gehirn lernt

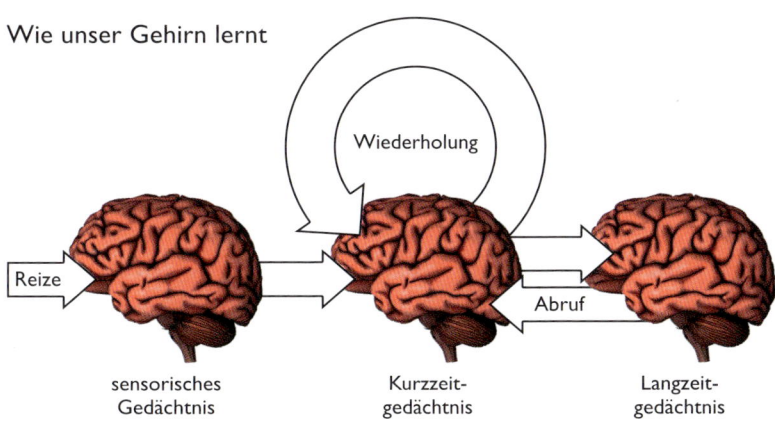

Eine Überbelastung muss verhindert werden.

Bei den Sinnesorganen kommt in jeder Sekunde eine riesige Datenmenge an. Diese muss gefiltert werden, um eine Überlastung des Gehirns zu verhindern. Diese Aufgabe wird zunächst vom sensorischen Gedächtnis übernommen. Das, worauf wir unsere **Aufmerksamkeit** hinlenken, wird bewusst wahrgenommen, der Rest tritt in den Hintergrund. Sie kennen das wahrscheinlich, wenn Sie ein Buch lesen und alles rundherum vergessen. Oder wenn Sie so in die Arbeit vertieft sind, dass Sie die Zeit nicht beachten oder erst zu spät bemerken, dass Sie ganz schön verspannt sind. Die Aufmerksamkeit kann man sich dabei wie einen Scheinwerfer auf einer Bühne vorstellen. Das, was angestrahlt wird, ist sichtbar, der Rest verschwindet im Dunkel.

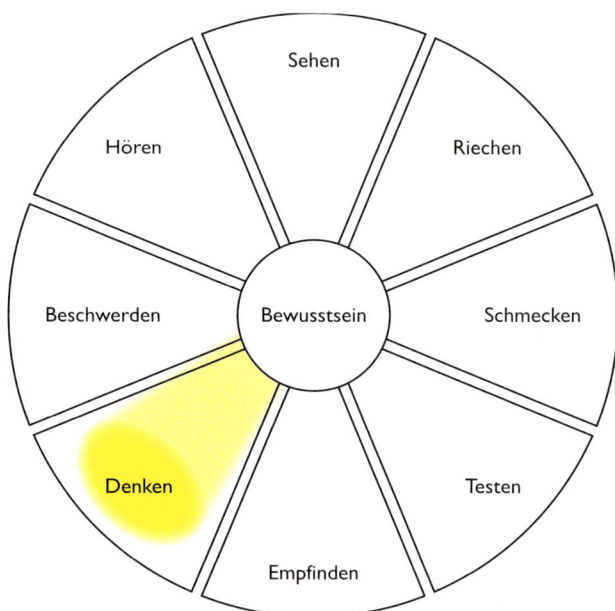

Aufmerksamkeitsscheinwerfer

Der eigentliche Flaschenhals der Informationsverarbeitung liegt im Kurzzeitgedächtnis. Dieses fasst eine Menge von durchschnittlich sieben Einheiten, genauer sieben plus/minus zwei, also einen Umfang von fünf bis neun Einheiten [11]. Was bedeutet das? Wenn Sie sich zum Beispiel eine Telefonnummer merken wollen und keine bestimmten Gedächtnishilfen wie Zweier- oder Dreierreihen verwenden, dann merken Sie sich in einem Lerndurchgang durchschnittlich sieben davon, manche Personen schaffen auch bis zu neun oder nur fünf Zahlen. Bei weiterer Wiederholung bleibt natürlich mehr im Gedächtnis. Es gibt aber nicht nur eine mengenmäßige Begrenzung, sondern auch eine kritische zeitliche Phase. Das **Kurzzeitgedächtnis** umfasst eine Zeitspanne von durchschnittlich 30 Sekunden bis maximal einige Minuten (siehe Tabelle unten). Alles, was länger im Gedächtnis behalten wird, hat eine Chance, ins **Langzeitgedächtnis** zu kommen. Allerdings finden nicht alle Informationen Eingang in das Langzeitgedächtnis. „Sonst würde das Gehirn wahrscheinlich platzen", wie Jan Born pointiert formuliert [2]. Informationen, die das nicht schaffen, gehen verloren. Sie kennen das sicher, wenn Sie nach dem Aufwachen am Morgen gerade noch einen Traum in Erinnerung haben und sich vornehmen, diesen Traum gedanklich festzuhalten, da er vielleicht besonders schön oder ungewöhnlich bizarr war. Wenn Sie dann aber auf dem Weg ins Bad an etwas anderes denken, den Traum also nicht im Bewusstsein behalten, dann ist er plötzlich weg und Sie haben auch keine Chance mehr, diesen wieder zurückzuholen.

Kurzzeitgedächtnis vs. Langzeitgedächtnis

Die zeitliche Kapazität der Gedächtnissysteme

Sensorisches Gedächtnis	Kurzzeitgedächtnis	Langzeitgedächtnis
3–4 Sekunden	Sekunden bis einige Minuten	ab 30 Sekunden bzw. einige Minuten

Die Fülle der Informationen in der Welt und auch in uns selbst, in unserer Gedanken-, Gefühls- und Körperwelt, wird also enorm gefiltert und auf das Wesentliche reduziert, beziehungsweise auf das, was unser Bewusstsein als wesentlich bewertet. Das muss nicht immer etwas Wichtiges sein, manchmal sind es auch sehr unwichtige Dinge wie ein Ohrwurm aus dem Radio. Auf jeden Fall fungieren unser Bewusstsein und unsere Gedächtnissysteme wie Torwächter. Sie entscheiden, welche Informationen hereingelassen werden und welche draußen bleiben müssen.

Filterung von Informationen wie im Schlaf

Erstaunlicherweise funktioniert das auch während des Schlafens. Was tagsüber gelernt wurde, findet Eingang in einen temporären Gedächtnisspeicher und wird in der Nacht nochmals herausgeholt. Aber nicht alle Informationen gelangen in das Langzeitgedächtnis. Da wir circa ein Drittel unserer Lebenszeit im Schlaf verbringen, ist es auch nicht weiter verwunderlich, dass der Schlaf nicht nur einfach Luxus, sondern die Grundlage eines gesunden und leistungsfähigen Lebens bedeutet. Das Gehirn arbeitet weiter, auch wenn uns das gar nicht bewusst ist. Erstaunlich erscheinen die Zahlen, wenn man berechnet, wie viel Zeit man in seinem Leben mit Schlafen verbringt. Ich habe das selbst einmal ermittelt: Ich bin knapp 43 Jahre alt und komme auf 16 Jahre, 5897 Tage und 141.529 Stunden, die ich in meinem Leben bisher verschlafen habe (bei ca. acht Stunden Schlaf pro Nacht)!

Sie können auch selbst gleich ausprobieren, wie viel Lebenszeit Sie bereits mit Schlafen zugebracht haben. Nutzen Sie hierfür zum Beispiel den Schlafrechner von ZEIT ONLINE unter http://www.zeit.de/themen/wissen/zeitumstellung-und-schlaf/.

Filtern von Informationen als Schutz vor Überlastung

Die Filterung von Information ist deshalb so wichtig, da wir sonst Gefahr laufen, zu überlasten, krank und „verrückt" zu werden. Bei einer Reihe von Beschwerden liegt genau in dieser Überlastung der Grund für ihre Entstehung: bei Burnout das ständige Manövrieren im „roten Bereich", bei Schlafstörungen das Nicht-abschalten-Können, bei ADHS (Aufmerksamkeitsdefizitsyndrom mit Hyperaktivität) die leichte Verführbarkeit von Nebensächlichkeiten, bei Ängsten die übermäßige Gewichtung der negativsten aller Möglichkeiten und auch bei Psychosen das Nicht-trennen-Können zwischen korrekten Gedanken und Phantasie.

Diese Überlastung ist mit der Überbeanspruchung eines Muskels vergleichbar. Diese führt dazu, dass wir ermüden und erschöpft sind. Und je ausgeprägter diese Erschöpfung ist, umso länger dauert die Regenerationsphase. Und bei extremer Überlastung, wie sie bei Burnout häufig auftritt, reicht Erholung alleine nicht aus. Dann bedarf es spezieller Ansätze, um die geistige Kraft wieder aufzubauen und ins Gleichgewicht zu kommen.

Überbelastung als Grund für Beschwerden

Die Macht des Denkens

Zu denken ist für uns genauso selbstverständlich wie zu atmen oder zu essen. Und doch wissen die wenigsten darüber Bescheid, wie das eigene Denken funktioniert. Wir machen uns normalerweise über unsere Gedanken keine Gedanken. Dabei lohnt es sich, ihnen mehr Aufmerksamkeit zu schenken, sind sie doch der Schlüssel zu Wohlbefinden, Glück, Gesundheit und Leistungsfähigkeit. Unser Denken entscheidet darüber, ob wir glücklich oder traurig sind, entspannt oder gestresst, aufmerksam oder gedankenabwesend.

So wichtig unser Denken auch ist, kann es uns dennoch Probleme bereiten. Negative Gedanken wirken wie sich selbsterfüllende

Prophezeiungen. Sie ziehen einen in den Bann, führen zu einem Tunnelblick und geradewegs in das Befürchtete hinein. Wer kennt solche negativen Gedanken nicht, Grübeleien wie: „Ich werde das nicht schaffen", „Ich werde mich blamieren" oder „Ich sehe keinen Ausweg"? Es gibt wohl wenige Menschen, die diese oder ähnliche Gedanken noch nie gedacht haben. Die meisten kennen wohl solche inneren Selbstgespräche, manchen sind sie sogar ständige Begleiter im Leben. Das kann zu einem Leben in andauernder Anspannung und Erwartungsangst führen. Eine Angst, die jegliche Zuversicht, jeden Optimismus sofort im Keim erstickt und dadurch das Leben nachhaltig prägt. Ein Leben, das mehr auf das Vermeiden von Bedrohlichem ausgerichtet ist als auf die Motivation hin zu Positivem und zur Entfaltung des eigenen Potenzials.

Wie Klaus Grawe, einer der großen zeitgenössischen Psychologen, analysiert hat, zählt genau dieses Überwiegen der **Vermeidungsmotivation** im Gegensatz zur **Annäherungsmotivation** zu den bedeutsamen Schlüsselmerkmalen, um psychische und psychosomatische Störungen zu verstehen [14]. Zuviel zu vermeiden blockiert

Annäherungsmotivation

Vermeidungsmotivation

die positive Energie für das, was wir wollen. Angst, Überforderung, Unsicherheit und Pessimismus ersticken jede Handlung und jeden Aufbruch ins Ungewisse sofort im Keim. Was diese Vermeidungsmotivationen miteinander verbindet, ist ein negatives Denken. Wenn man es aber schafft, dieses Denken ins Positive umzukehren, dann gelingt vieles einfacher, als man zunächst erwartet hat.

*„Sobald der Geist auf ein Ziel gerichtet ist, kommt ihm vieles entgegen."
(Johann Wolfgang von Goethe zugeschrieben)*

Bewusste Gedanken und der Garten in unserem Gehirn

Im Alltag gibt es einen ständigen Strom von Gedanken. Es fängt schon am Morgen beim Aufstehen an. Spontan können Gedanken auftreten wie: „Ich bin noch müde" oder „Gott sei Dank, heute ist Samstag!" oder auch „Oh je, heute ist Montag, das Wochenende ist viel zu schnell vergangen". Je nachdem, welche Gedanken vorhanden sind, beeinflusst das unsere Stimmung, die Emotionen und in weiterer Folge unseren Körper. So führen angenehme Gedanken („Heute ist frei") zu positiven Gefühlen, negative Gedanken („Nicht schon wieder Montag!") zu dementsprechend negativen Gefühlen.

Wie sieht es mit der Kontrolle der eigenen Gedanken aus? Genügt es, das Denken zu analysieren, um es verändern zu können? Leider ist das nicht so einfach, wie es zunächst den Anschein hat. Anders zu denken ist leichter gesagt als getan. Das liegt daran, dass sich unser Denken im Laufe des Lebens in einer bestimmten Art und Weise entwickelt. So wie es Optimisten und Pessimisten gibt, die bestimmte Gedankenmuster aufweisen, so existieren bei jedem von uns bestimmte typische Gedankenmuster im Alltag, die unser Leben, die Sicht auf die Welt und auf uns selbst beeinflussen. Und diese Gedankenmuster sind gut eintrainiert, von Kindheit an. Es wundert also nicht, dass es gar nicht so leichtfällt, aus eingefahrenen Spuren herauszukommen. Vergleichen Sie unser Gehirn mit einem Garten, einem Garten mit Naturwiese, die nur dreimal im Jahr gemäht wird und in dem es die verschiedensten Blumen und Gräser gibt. Dort, wo Sie Tag für Tag über die Wiese gehen – vielleicht hin zu Ihrem Lieblingsplatz –, hat sich ein Trampelpfad

Jeder von uns hat typische Gedankenmuster im Alltag.

„Nicht immer denken"

gebildet. Das Gras ist auf diesem Weg kürzer und wächst nicht so rasch nach. Sie erkennen schon von weitem, wo sich dieser Pfad im Garten befindet. Daneben wachsen die Gräser und Blumen ganz wild und unbeeinflusst. Wenn Sie einen neuen Weg wählen – da Sie einen neuen Lieblingsplatz gefunden haben – braucht es einige Zeit, bis sich dieser wieder in der Wiese abzeichnet. Der alte Weg, auch wenn er jetzt nicht mehr begangen ist, bleibt aber einige Zeit noch bestehen. Mit den Wochen und Monaten wird der nicht mehr genutzte Weg immer undeutlicher und der neue Weg immer stärker ausgetreten. Im Gehirn verhält es sich mit der neuronalen Bahnung ganz ähnlich.

Das Unbewusste und die Kraft der inneren Suggestionen

Bewusste Gedanken zu verändern, ist schon schwer genug. Wie sieht es aber mit dem Unbewussten, mit den automatischen Gedanken aus? Viele Gedanken sind so selbstverständlich, dass sie gar nicht in unser Bewusstsein dringen. Sie bewegen sich unterschwellig, ähnlich wie feine Suggestionen eines Hypnotiseurs oder von Werbefachleuten (im Dienste der Verkaufsoptimierung). Und tatsächlich verhält es sich mit diesen unbewussten Gedanken ähnlich wie mit gut gesetzten Suggestionen. Sie entfalten eine noch größere Kraft als die Gedanken, die uns bewusst sind. Das ist auch leicht verständlich, können doch nicht bewusste Gedanken nicht so einfach hinterfragt, analysiert und verändert werden. Unser Unbewusstes nimmt sie so auf, wie sie präsentiert werden, sie werden eins zu eins übernommen.

Die Wirkung tritt umso stärker ein, je prägnanter sie erscheinen (z. B. „Ich werde mich blamieren!", „Ich bin ein Versager!"), je öfter sie auftauchen und je aufnahmebereiter wir sind. Dabei handelt es sich entweder um Momente, in denen wir unter extremer Anspannung stehen, wie beispielsweise in einer Prüfungssituation, oder in denen wir gut entspannt sind, wie dies in der Freizeit der Fall ist. Auf den ersten Blick scheint dies paradox: Wie können so unterschiedliche Zustände wie extreme Anspannung und totale

automatische Gedanken

Entspannung gleichermaßen die Wirkung von Suggestionen erhöhen? Bei extremer Anspannung wirken Suggestionen verstärkt, da sich die volle Aufmerksamkeit auf das momentane Ereignis richtet und eine enorme Energie die Suggestion intensiviert. Bei Entspannung kommt es hingegen zu einer Verstärkung, da keine anderen ablenkenden Informationen stören und die Psyche frei ist für neue Informationen.

Einen Unterschied gibt es jedoch: Wir können uns die Suggestionen bei extremer Anspannung nicht aussuchen. Es treten dann meistens negative Selbstgespräche auf, die mit Angst, Panik und Überforderung einhergehen – denkbar ungünstige Voraussetzungen für eine gute Performance.

Besonders gut funktionieren negative Suggestionen vor dem Einschlafen. All das, was wir an negativen Gedanken mit in den Schlaf nehmen, arbeitet auch während des Schlafes weiter, wird dadurch wunderbar eingeschliffen und neuronal gebahnt, also im Gehirn verankert. Das Gehirn lernt ganz ausgezeichnet im Schlaf. Das würden wir uns auch für das Lernen einer Fremdsprache oder einer Fortbildung wünschen. Wir können das zwar auch beim bewussten Lernen nutzen, aber wenn es um automatische Gedanken geht, brauchen wir uns nicht anzustrengen, es geschieht dabei ganz von selbst. Das bedeutet, dass wir unseren Gedanken oft in hohem Maße ausgeliefert sind.

Negative Gedanken vor dem Einschlafen arbeiten auch im Schlaf weiter.

Die Kraft der Gedanken können wir für uns nutzen. Das gelingt am besten im entspannten Zustand, wenn der Kopf möglichst frei ist von Stress und Alltagsgedanken. In ein Gefäß, das bereits voll ist, passt auch nicht mehr wirklich etwas Neues hinein. Dieses Grundprinzip der Meditation veranschaulicht sehr eindrucksvoll der Film „2012", der auf der Interpretation des Maya-Kalenders basiert, wonach 2012 die Welt untergehen sollte. Erfreulicherweise ist das nicht passiert. An eine Szene aus dem Film erinnere ich mich aber noch sehr gut: Als die Flutwelle bis in den Himalaya vordringt, un-

Grundprinzip der Meditation

terhalten sich ein Mönch und ein Novize in einem Kloster auf dem Gipfel eines Berges. Der Novize war voller Panik und fragte den Meister, was in dieser Notsituation zu tun sei. Dieser schenkte zunächst Tee in eine Tasse ein und hörte damit nicht auf, auch als die Tasse bereits voll war und der Tee über den Rand hinausfloss. Das verunsicherte den Novizen noch mehr. Ruhig und gelassen antwortete der Meister, dass der Kopf des Novizen so sei wie die Tasse, voll mit Gedanken, Angst und Panik, sodass keine neuen Gedanken Platz hätten. Wie könne er dann erwarten, eine Lösung zu finden?

Die helle und die dunkle Seite der Macht der Gedanken

 Als Einstieg in die Macht der Gedanken bietet sich ein kleines Experiment an. Versuchen Sie, für einige Minuten nichts zu denken. Setzen Sie sich dabei in einen bequemen Sessel, schließen Sie die Augen und versuchen Sie, den Kopf ganz frei zu machen, die Gedanken aufzulösen und nicht zu denken.

Wie ist es Ihnen dabei ergangen? Was ist Ihnen aufgefallen? Bei den meisten Menschen tauchen bereits nach einigen Sekunden erste Gedanken auf, Gedanken an die Vergangenheit oder an die Zukunft. Oder auch der Gedanke, dass es eigentlich gar nicht so leicht ist, nichts zu denken. Das wird mit der Länge dieser Übung im Allgemeinen auch nicht einfacher, im Gegenteil treten nach mehreren Minuten immer mehr Gedanken auf. Und ein Gedanke führt zum nächsten, es bilden sich Gedankenketten, die einen vom ersten Gedanken oft ganz woanders hinführen. Wenn sich der Geist auf Reisen begibt, lösen sich Raum und Zeit auf. In einem Augenblick sind Sie mit Ihrer Aufmerksamkeit vielleicht noch im Raum, dann aber schon auf einer Urlaubsinsel und dann bei der Arbeit. Das geht blitzschnell, dem Gedankenstrom sind keine Grenzen gesetzt. Grundsätzlich ist das eine phantastische Fähigkeit, die wir als Menschen besitzen. Unsere Gedanken sind frei wie ein Vogel, in Gedanken ist alles möglich, hier überwinden wir die Grenzen der Realität.

„Wenn der Geist auf Reisen ist, lösen sich Raum und Zeit auf."

Die positive Seite des Denkens

Das Denken ist jene psychische Eigenschaft, die den Menschen zum Menschen macht. Bereits die großen Philosophen der Antike haben dem Denken einen besonderen Stellenwert beigemessen. Das Denken und besonders das Denken über sich selbst – die Metakognitionen – ermöglichen Erkenntnisprozesse, die auf dem Weg zu einem erfüllten Leben hilfreich sind. Das bedeutet, die eigenen Bedürfnisse und Ziele, die eigene Vision vom Leben zu kennen und dieser zu folgen. Im Buddhismus gibt es einen treffenden Satz dazu: „Nur der findet den Weg, der sein Ziel kennt."

„Erkenne dich selbst." (Gnothi seauton; Inschrift über dem Apollo-Tempel in Delphi)

Die eigene Person auf allen Ebenen – Gedanken, Körper, Gefühle und Verhalten – kennenzulernen, ist wichtig für das Wissen um den individuellen Lebensweg. Das betrifft so alltägliche Entscheidungen wie die Wahl des richtigen Frühstücks bis zu den großen Lebensthemen wie die Entscheidung über die Schul- und Berufsausbildung. Je weniger die eigene Selbstreflexion ausgeprägt ist, umso mehr wird man wie ein Blatt im Wind hin- und hergetrieben, beeinflusst von äußeren „Mächten", seien dies andere Menschen oder auch bestimmte zufällige Situationen. Je mehr Sie über sich selbst wissen – über ihren Körper, ihre Psyche und ihr Verhalten – umso besser können Sie ihren Weg gehen. Dann sind Sie auch auf unvorhergesehene Begebenheiten vorbereitet.

Die negative Seite des Denkens

Denken kann uns aber auch schaden. Das betrifft sowohl die bewussten als auch die nicht bewussten Gedanken, wobei letztere sich als besonders tückisch erweisen, wie wir bereits gesehen haben. Bestimmte Gedankenmuster sind verantwortlich für unser Wohlbefinden und sogar für die Entwicklung von psychischen und psychosomatischen Beschwerden. Paul Watzlawick hat in seinem Bestseller „Wie wirklich ist die Wirklichkeit" auf treffliche Weise die Macht der Gedanken auf dem Weg ins Unglück beschrieben. Besonders die „Geschichte mit dem Hammer" beschreibt sehr anschaulich, wie die eigene Wirklichkeit durch die Gedanken geprägt wird. Ein Mann will ein Bild aufhängen, stellt aber fest, dass er keinen Hammer hat. Was tun? Er überlegt, ob er zum Nachbarn gehen soll, um sich einen Hammer auszuleihen. Zunächst noch frohen Mutes kommen ihm rasch Zweifel: ob der Nachbar ihm einen Hammer ausleihen würde, dass er in letzter Zeit unfreundlich war und so weiter. Schließlich stürmt er hinüber und bevor der Nachbar „Guten Tag" sagen konnte, schreit ihn der Mann an: „Behalten Sie sich Ihren Hammer, Sie Rüpel!" [43].

Paul Watzlawick und der Konstruktivismus

Paul Watzlawick (1921–2007), gebürtiger Österreicher, hat in den USA den Konstruktivismus und die Systemische Therapie maßgeblich mitentwickelt. Er ist besonders durch seine Publikationen über menschliche Kommunikation („Man kann nicht nicht kommunizieren") und die äußerst anschaulichen Beschreibungen der Subjektivität der Welt bekannt geworden. Der Konstruktivismus erklärt, wie sich jeder Mensch seine Wirklichkeit selbst erschafft. In der „Geschichte mit dem Hammer" wird das mit Humor auf den Punkt gebracht. Jeder Mensch hat eine andere Wahrnehmung der Dinge, was häufig auch zu Kommunikationsproblemen führt. Die Sichtweise des anderen einzunehmen, ist eine der wertvollsten Strategien, um Konflikte aufzulösen. Und auch die innere „Zwiesprache" zwischen dem Engelchen und dem Teufelchen in uns und die Veränderung des Denkens können helfen, um manchen Knoten im Gehirn zu lockern.

Die beiden Seiten des Denkens – die positive und die negative – liegen oft nahe beieinander. Sie kennen das vielleicht, wenn Sie ein größeres Vorhaben planen, ein Projekt in der Arbeit oder eine Geburtstagsfeier zu einem Jubiläum. Die Freude und das Engagement steigern sich im Laufe der Tätigkeit immer mehr. Die Lust daran wächst, auch wenn es ganz schön fordernd ist. Mitunter entsteht ein gewisser Rausch, der einen wie ein Sog weiterzieht. Währenddessen wirbeln in Ihrem Kopf die Gedanken, oft mehrere zur gleichen Zeit, und doch entsteht keine Überforderung. Dieses Austarieren gelingt uns auch gut für eine gewisse Zeit. Wenn aber eine Tätigkeit über längere Zeit fordert oder überfordert und auch

Die positiven und negativen Seiten des Denkens liegen oft nahe beieinander.

nicht mehr alles wie am Schnürchen läuft, dann schleichen sich zunehmend negative Gedanken ein: die Sorge, ob das Vorhaben klappt, das Gefühl, es nicht zu schaffen oder nicht so, wie man es sich vorgestellt hat. Das führt zu Frustration, Überlastung und Hilflosigkeit. Und bevor man es so richtig wahrnimmt, ist die Psyche bereits gefangen in einem **Strudel negativer Gedanken.** Sie greifen immer stärker um sich und ziehen weitere negative Gedanken und Gefühle unweigerlich an. Der Kopf füllt sich immer mehr damit, ein Abschalten der Gedanken ist kaum möglich und der sehnlichste Wunsch kann dann lauten, nicht immer zu denken.

Ein Beispiel: Wie Gedanken über Genuss oder Frust entscheiden

Als Beispiel für die Macht der Gedanken möchte ich von einem eigenen Erlebnis berichten. Ich bin leidenschaftlicher Skitourengeher. Für diejenigen, die mit Wintersport nicht allzu viel am Hut haben, sei diese Sportart kurz erklärt: Beim Skitouren Gehen werden spezielle Skier benutzt, die keine fixe Bindung haben, sondern an der Ferse entriegelt werden können. Man kann dann genauso entlanggleiten wie mit einem Langlaufski. Da es aber vor allem darum geht, auf einen Berg hinaufzukommen, werden auch Steigfelle verwendet, an der Skiunterseite aufgeklebt und gespannt. Das Fell verhindert ein Zurückrutschen und ermöglicht das Vorwärtsgleiten. Insgesamt empfinde ich es als eine sehr schöne Möglichkeit, im Winter Sport und Natur zu vereinen. Das Gehen hat auch einen meditativen Charakter, wenn man sich ganz auf den Augenblick einlässt und sehr achtsam ist. Aber dazu etwas später mehr. Kommen wir wieder zurück zu der Skitour, die ich gemeinsam mit einem Freund unternahm, einer ähnlichen Frohnatur wie ich selbst. Der Wetterbericht verhieß nichts Positives und prophezeite einen Temperaturanstieg und Regen im Laufe des Tages. Das konnte uns jedoch nicht abhalten und wir begaben uns an einem netten Berg in den Niederösterreichischen Voralpen in den Anstieg. Prompt begann es auch leicht zu regnen, der Schnee war „schwer" und klebte etwas an den Fellen. Für viele wäre dies wahrscheinlich Grund genug, um den Sinn des Unterfangens zu hinterfragen, wir jedoch freuten uns über „ein gutes Training" und eine Skitour der etwas anderen Art. Unterwegs trafen wir auch auf einen Bergkollegen, der schon früher aufgestanden war als wir und bereits wieder hinabfuhr. Dieser machte keinen sonderlich erfreuten Eindruck und schimpfte über das Wetter und den „fürchterlichen" Schnee.

Die eigentlich gleiche Situation wurde komplett unterschiedlich erlebt. Wie kann man das erklären? Unterschiedlich waren in erster Linie das Denken, die Einstellung und auch die Erwartungen. Je rigider die Erwartungen ausfallen, umso eher kann es zu Frustration über ein nicht erreichtes Ziel kommen. Je mehr man sich auf den Augenblick mit all den Unwägbarkeiten einlässt, je achtsamer man ist, umso weniger besteht die Gefahr der Enttäuschung. Wir ließen uns jedenfalls die Laune nicht verderben und genossen auch die Abfahrt, obwohl wir sicher keine besonderen Haltungsnoten bekommen hätten.

Wie uns unsere Gedanken krank machen

Das Denken kann Krankheiten auslösen oder verstärken.

Die Entstehung psychischer Störungen und psychosomatischer Beschwerden ist wesentlich mit unserem Denken verknüpft. Das Denken kann Krankheiten auslösen oder verstärken und zur Chronifizierung beitragen. Ich möchte diesen Zusammenhang anhand eines Fallbeispiels einer Patientin mit Panikattacken beschreiben.

Fallbeispiel Frau Angst

Frau Angst führt ein ziemlich normales Leben, wie sie es selbst beschreibt. Sie ist 28 Jahre alt, Lehrerin in einer Mittelschule und lebt seit zwei Jahren in einer Partnerschaft. Arbeitsmäßig hat es im vergangenen Jahr Belastungen durch den Wechsel in eine neue Schule gegeben. Mit dem neuen Direktor kommt sie nicht so gut klar, die Kollegen verhalten sich etwas distanziert. In der Schule geht es sehr ernst zu, ganz im Gegensatz zur vorherigen Schule, wo es einen sehr guten und fast schon familiären Kontakt zwischen den Kollegen gegeben hatte.

Vor drei Monaten trat beim Einkaufen im Supermarkt plötzlich ein Schwindelanfall auf. Sie fühlte sich benommen und stand „neben sich". Sie bemerkte auch Herzklopfen und ein leichtes Zittern am ganzen Körper. Blitzartig traten Gedanken an einen Herzinfarkt auf und sie erinnerte sich an ihren Vater, der vor einem Jahr einen solchen Herzinfarkt erlitten hatte. Gleichzeitig erschienen ihr Phantasiebilder vom Krankenhausbett und den Ärzten, die à la Emergency Room oder Greys Anatomy alles Menschenmögliche versuchten, um ihn zu retten (was erfreulicherweise auch glückte). Je mehr sie an die drohende Gefahr dachte, umso unruhiger wurde sie. Die Symptome verschlimmerten sich, das Herzklopfen wurde intensiver und der Schwindel so stark, dass sie sich am Einkaufswagen festhalten musste. Dann kamen auch noch Befürchtungen hinzu, was weiter passieren würde, wie sie mit Schmerzen in der

Brust zu Boden stürzen würde. Und die anderen Kunden im Supermarkt würden nur herumstehen und zusehen, alle von dem Notfall paralysiert. Das schaukelte die Angst noch weiter auf. „Jetzt nur schnell weg hier!", war alles, woran sie noch denken konnte. Den Einkaufswagen einfach stehen lassen, an der Kassenschlange vorbei hinaus ins Freie und zum Auto! Dort angekommen fühlte sie sich schon etwas besser, sicherer. Nach einigen Minuten konnte Frau Angst dann zitternd nach Hause fahren. In der eigenen Wohnung ging es ihr bereits deutlich besser. Die Angst saß ihr jedoch noch immer im Nacken und der quälende Gedanke „Hoffentlich tritt das nicht noch einmal auf!" bohrte sich fest in ihr Bewusstsein. Frau Angst hat glücklicherweise keinen Herzinfarkt erlitten, sondern typische Anzeichen einer Panikstörung gezeigt. Die Gedanken spielen dabei eine beträchtliche Rolle. Besonders markant ist die Erinnerung an den Herzinfarkt des Vaters mit all den dazugehörigen Erlebnissen und Bildern vom Krankenhauszimmer. Sie verbindet dies mit der Sorge, was die anderen Menschen herum tun würden beziehungsweise nicht tun würden („Alle stehen nur herum; keiner tut etwas!"). Die Hoffnung („Hoffentlich tritt das nicht noch einmal auf!") ist eigentlich mehr eine Befürchtung („Die Beschwerden werden wieder auftreten"). Sie führt zu einer gesteigerten Aufmerksamkeit auf den Körper und zu einer erhöhten Sensibilität für alles, was mit Herzbeschwerden zusammenhängt.

Dieses Fallbeispiel macht deutlich, wie stark die Gedanken mit dem Aufschaukeln der Angst verbunden sind. Ohne die negative Bewertung des Schwindels und Herzklopfens wäre es nicht zu einer Panikattacke gekommen. Wenn sich Frau Angst gedacht hätte, „Ich habe wohl den ganzen Tag zu wenig getrunken" oder „Ich sollte wieder mehr Sport treiben, um fitter zu sein", dann wäre der Teufelskreis der Angst unterbrochen worden und hätte sich aufgelöst. Es wäre nie zu dieser Panikattacke gekommen. Eine gelassene Grundhaltung hätte ihre geholfen, die Spirale der Angst abzufangen: einfach wahrzunehmen, was passiert, und weniger zu denken, was das bedeuten könnte.

Im Fall von Frau Angst sind einzig die Symptome real, der Schwindel, das Herzklopfen und Zittern. Alles Weitere gehört in den Bereich der Spekulation und Phantasie. So sehr Phantasie in einem anderen Zusammenhang wertvoll ist, in diesem Fall führt sie mitten in die Angst hinein, mit all ihren Konsequenzen. Und dass diese Konsequenzen weite Kreise ziehen können, bis hin zu einem vollkommenen Zusammenbruch und zur Arbeitsunfähigkeit, werden wir noch genauer betrachten. Sie werden auch sehen, dass es sich bei anderen Beschwerden, von Burnout bis Schlafstörungen, ganz ähnlich verhält.

Wie funktionieren aber unser Denken und unser Bewusstsein? Welchen Einfluss haben Gefühle und Körper auf das Denken? Die nächsten Kapitel sollen diese Zusammenhänge genauer darstellen.

Bewusstsein und Denken

„Unentdeckt ist weniger die Erde, als der Mensch."
(Reinhold Messner)

Was ist das Bewusstsein? Diese Frage beschäftigt die Wissenschaft von Philosophie über Psychologie bis Neurowissenschaft seit Jahrhunderten und ist noch immer nicht vollständig beantwortet. Tatsächlich macht gerade eine jener Wissenschaften, die mit dem Bewusstsein des Menschen am meisten zu tun hat – die Psychologie – um das Bewusstsein gerne einen Bogen. Es werden Teilaspekte wie Aufmerksamkeit oder Gedächtnis gerne bis ins Detail erforscht und erklärt. Aber dann, wenn es um eine Integration des gesammelten Wissens geht, überlässt man das Feld lieber anderen.

Oft setzen sich Menschen mit Fragen des Bewusstseins, des Denkens und Fühlens auseinander, von denen man es zunächst nicht erwarten würde: Extremsportler. Extremsportler sind durch Grenzerfahrungen am schmalen Grat zwischen Leben und Tod mit den essentiellen Fragen des menschlichen Seins konfrontiert. Das Kennenlernen der eigenen Gedanken und Gefühle und der achtsame Umgang mit ihnen sind auch Notwendigkeiten, um überleben zu können. Nicht umsonst stammt das obige Zitat von Reinhold Messner, der als erster Mensch alle 14 Achttausender bestiegen hat. Wenn man die Bücher von Messner liest, dann sind das nicht einfach Heldensagen von „bezwungenen Bergen". Vielmehr handelt es sich um höchst interessante Berichte über die Psyche eines Bergsteigers, dem es weniger um den Kampf gegen die Natur als um die Auslotung der inneren Grenzen geht, um die eigenen Ängste und Hoffnungen. Auch Alexander Huber, einer der aktuell besten Allround-Bergsteiger, der besonders mit seinen Free-Solo-Begehungen (Klettern ohne Sicherung) für Aufsehen gesorgt hat, legt in dem kürzlich erschienenen Buch „Die Angst. Dein bester Freund" seine Innensichten dar. In einer sympathischen Art plädiert er für die Notwendigkeit von Angsterfahrungen, die in unserer erfolgsverwöhnten und „heldenorientierten" Welt meistens zu kurz kommen. Er beschreibt auch sehr schön die Achtsamkeit beim Free-Solo-Durchstieg der Nordwand der Großen Zinne, nachdem er zuvor an der Schlüsselstelle mit seiner Angst gerungen hatte: „Die Schwierigkeiten lassen nach, diktieren nicht weiter den Ablauf des Geschehens. Langsam, aber sicher werden meine Gedanken wieder frei. Wie von selbst steigt mein Körper nach oben, nimmt mich mit. Kleine Wolken ziehen die Nordwand herauf, lassen die Berge rundherum im Grau verschwinden. Je weiter ich nach oben komme, desto ruhiger werde ich. Und dann, am Ende, der Gipfel. Ein Moment, an dem es weder ein Gestern noch ein Morgen gibt. Ich lebe im Jetzt. Ich lebe das wahre Leben." [20]

Wie kann aber Bewusstsein definiert werden? William H. Calvin, Neurophysiologe an der University of Washington in Seattle und Preisträger des Phi-Beta-Kappa-Preises für herausragende Beiträge zur Wissenschaftsliteratur, hat sich in seinem Buch „Wie das Gehirn denkt" [4] daran gewagt, Bewusstsein zu beschreiben. Er sieht

Definition von Bewusstsein

darin „Aspekte des geistigen Lebens wie Konzentration, Aufmerksamkeit, das Durchspielen einer Situation im Kopf, vorsätzliches Handeln, unterbewußtes Vorbereiten, Dinge, von denen Sie nicht wußten, daß Sie sie wußten, Einbildungskraft, Verständnis, Denken, Entscheidungsfindung, veränderte Bewußtseinszustände und die Entwicklung des Selbstbildes bei Kindern – alles Phänomene, die auch in das Unterbewußtsein hineinreichen, die auch automatische Aspekte haben, welche unser „Erzähler im Kopf" vielleicht nicht bemerkt." Natürlich gehören auch die Gefühle dazu und die Verarbeitung der Körperempfindungen.

Das Eisberg-Modell des Bewussten und Unbewussten

Interessant ist die Einbeziehung unbewusster Prozesse. Diese wurden in der Wissenschaft lange vernachlässigt, auch wenn damit die Erklärung menschlichen Denkens, Erlebens und Handelns unzureichend blieb. Wir haben bei den automatischen Gedanken die Bedeutung des Unbewussten kennengelernt. Und auch für die Motivation spielt unser Unbewusstes eine größere Rolle, als viele es wahrhaben wollen. Wenn wir an die Metapher des Eisberges denken, wonach ein kleiner Teil – **das Bewusstsein** – über der Wasseroberfläche liegt und der Großteil – **das Unbewusste** – unter der Oberfläche, dann wird die Tragweite der Berücksichtigung nicht bewusster Prozesse besonders deutlich (siehe Abb. S. 34).

René Descartes, französischer Philosoph, Mathematiker und Naturwissenschaftler (1596–1650), hat das Gehirn mit einer Maschine verglichen. Diese Vorstellung ist nach heutigem Wissen nicht haltbar, offenbart doch das menschliche Gehirn komplexere Strukturen als jede noch so leistungsfähige Maschine oder jeder Computer. Und noch wichtiger, eine Maschine oder ein Computer gibt nur das aus, was programmiert wurde, das menschliche Bewusstsein jedoch generiert vollkommen neue Gedanken [4]. Es scheint jedoch, dass es nur eine Frage der Zeit ist, dass den Computern auch mittels künstlicher Intelligenz Kreativität eingehaucht wird. Also muss es noch mehr Faktoren geben, die das Bewusstsein ausmachen und den Menschen von einer Maschine unterscheiden.

Sigmund Freud (1856–1939) kommt der Verdienst zu, das Unbewusste in den Mittelpunkt der Aufmerksamkeit gerückt zu haben. Das war zwar zur damaligen Zeit nicht gänzlich neu, Freud verstand es jedoch, das Thema in einer provokativen Art und Weise aufzubereiten, sodass es sowohl in der Wissenschaft als auch in der Öffentlichkeit diskutiert wurde. Dabei kam ihm die Aufbruchsstimmung des Fin de Siècle – der Jahrhundertwende – zugute, die durch einen offenen Geist z. B. in der Kunst und Architektur und auch in der Gesellschaft getragen wurde. Die Ansichten von Freud

Einbeziehung unbewusster Prozesse

stießen von Beginn an in der wissenschaftlichen Psychologie auf Widerstand (Freud war Arzt, kein Psychologe). Diese war noch eine sehr junge Wissenschaft und ausschließlich empirisch orientiert. Was man messen und erklären konnte, zählte als wissenschaftlich, alles andere wurde ausgeklammert. Das führte dazu, dass wichtige Fragen des Menschen unbeantwortet blieben. Das distanzierte Verhältnis der wissenschaftlichen Psychologie zur Lehre Sigmund Freuds hält bis heute an. Die Forschung und Lehre an den Psychologischen Instituten der Universitäten widmet Freud gerade einmal eine Fußnote. Einerseits wird zu Recht ein Teil des Freudschen Menschenbilds und der Erklärung psychischer Störungen mit der Neurosetheorie abgelehnt. Dabei schüttet man jedoch allzu gerne das Kind mit dem Bade aus, sind doch die Überlegungen zu Bewusstem und Unbewusstem durchaus interessant.

Die Neurowissenschaften konnten hier eine Brücke schlagen, gelingt es doch zunehmend besser, die Funktionsweise des menschlichen Gehirns zu verstehen. Auch die Forschung zu psychologischer Therapie und Psychotherapie verdeutlicht, dass es mehr gibt als das, was uns bewusst ist, und das Unbewusste eine Macht in uns darstellt, die man nicht ignorieren sollte [14].

Die Macht des Unbewussten

Worin aber besteht der **Zusammenhang zum Denken?** Wir haben vorher bereits über die automatischen Gedanken gesprochen, die ständig im Kopf existieren. Diese werden ganz besonders durch unbewusste Prozesse gesteuert, Prozesse also, die wir normalerweise nicht wahrnehmen können und die deshalb umso stärker wirken. Das basiert auf dem Prinzip der Suggestion und kommt in der psychologischen Therapie gezielt zum Einsatz. Aber auch in der Werbung. Denken Sie nur daran, wie sich Firmen in Kinofilme einkaufen, damit ein Apple-Logo (es gibt scheinbar gar keine anderen PC-Hersteller) oder ein schicker VW oder Audi zu sehen sind (die Coolen fahren Edel-Marken, die Loser den Billigimport). Das fällt uns meistens gar nicht auf, erst wenn man darauf hingewiesen wird. Ich hoffe, Sie können den nächsten Action- oder

Liebesfilm trotzdem genießen, auch wenn Sie jetzt wissen, dass Sie unterschwellig manipuliert werden. Diese Einflüsse und Manipulationen werden nicht bewusst verarbeitet, sondern erfolgen unbewusst. Die Verarbeitung dieser Einflüsse und Manipulationen läuft nicht auf der bewussten, sondern auf der unbewussten Ebene ab. Ein Lernprozess findet dennoch statt und sogar noch intensiver als beim bewussten Lernen.

Was macht unser Gehirn, wenn es Offline ist?

Auch wenn wir nichts Besonderes tun, ist unser Gehirn aktiv. Ein ständiger Gedankenstrom kennzeichnet diesen Leerlauf- oder Off-line-Modus des Gehirns (auch Default-Modus genannt). Wenn unser Geist nicht beschäftigt ist, wenn sich die Aufmerksamkeit nicht auf ein bestimmtes Objekt richtet, dann sucht er sich eine Beschäftigung. Es treten automatische Gedanken auf. Diese können eine persönliche Bedeutung haben, wie ein kürzlich ausgetragener Konflikt mit dem Lebenspartner. Aber auch ganz banale Gedanken über das Wetter stellen sich ein. Gerade während einer Routine-tätigkeit oder wenn wir uns nicht besonders konzentrieren müssen, begibt sich der Geist häufig auf Wanderschaft. Sie sind dann zwar physisch anwesend, in Gedanken aber ganz woanders. Denken Sie nur an eine Autofahrt oder einen Einkauf im Supermarkt. Es treten tausend verschiedene Gedanken auf, die mit der Autofahrt oder dem Einkauf nichts zu tun haben. Obwohl die aktuelle Hauptbeschäftigung das Autofahren beziehungsweise der Einkauf im Supermarkt ist, richtet sich die Aufmerksamkeit bei den meisten Menschen nur selten ungeteilt auf diese Tätigkeit.

Dabei ist es nicht gleichgültig, was wir denken. Wenn es etwas Unaufregendes betrifft, wie die innere Beschreibung einer Teezubereitung, dann wird das Denken keine weiteren Konsequenzen haben (außer es handelt sich um eine traditionelle chinesische Teezeremonie). Denken wir aber an etwas Wichtiges, wie an die berufliche Zukunft oder an eine stressreiche Situation, dann löst dies automatisch entsprechende Gefühle und Körperreaktionen

„Wenn auch die Großhirnrinde mit dem Rest des Gehirns und über die Sinnesorgane und den Bewegungsapparat mit dem Körper und der Umwelt in Verbindung steht, spricht sie doch im Wesentlichen mit sich selbst."
(G. Roth) [35]

Für uns wichtige Gedanken lösen automatisch Gefühle und Reaktionen aus.

aus: Gefühle von Überforderung, Anspannung oder Ärger und Körperreaktionen wie Herzklopfen, Atemnot oder ein flaues Gefühl im Magen. Und diese Veränderungen führen wiederum dazu, dass der erlebte Stress noch größer wird. Auf diese Wechselwirkungen werden wir bei den Fallbeispielen im Abschnitt 3 noch genauer eingehen.

Wieviel Energie verbraucht unser Gehirn?

Der Energieverbrauch unseres Gehirns liegt ziemlich konstant bei 20 % des Gesamtenergieverbrauches unseres Körpers, obwohl es nur 2 % der Körpermasse ausmacht. Bei der Lösung einer kniffligen Aufgabe erhöht sich der Energieverbrauch nur leicht. Diese Zahlen machen deutlich, dass das Gehirn auch in Ruhe nicht faulenzt, sondern ganz schön arbeitet. [24]

Wie beim Schlafen das Licht im Gehirn ausgeht

Beim Einschlafen gibt es interessante Veränderungen im Gehirn. Nicht in allen Bereichen des Gehirns gehen gleichzeitig die Lichter aus. Zunächst wird das Tor zum Bewusstsein, der Thalamus im Zwischenhirn, auf Standby geschaltet. Erst mehrere Minuten später fährt die Aktivität der Großhirnrinde herunter. Zunächst wird also der Reizinput von außen eingeschränkt [26]. Da das Großhirn allerdings noch aktiv ist, werden Gedanken weiter verarbeitet, das Gehirn spricht mit sich selbst. Das führt zu eigenartigen Phänomenen beim Übergang in den Schlaf, wie Halluzinationen (Bilder, Geräusche) und auch dem Verlust des Zeitgefühls. Die subjektiv wahrgenommene Einschlafdauer wird häufig wesentlich überschätzt. Fünf Minuten können wie 20 Minuten wahrgenommen werden. Manche Menschen haben ferner den Eindruck, sich beim Schlafen „zuzusehen".

Übergang in die Schlafphase

Auch später, während des Schlafes, ist das Gehirn nicht vollkommen deaktiviert. Verschiedene Gehirnareale arbeiten weiter. Das zeigt sich beim Träumen, beim Verarbeiten von Alltagserlebnissen und auch beim Abspeichern von neu Gelerntem. Ein gesunder Schlaf mit ausreichend Traumanteilen ist wichtig für Gesundheit und Wohlbefinden, und auch für das Lernen. Die Metapher vom Lehrbuch unter dem Kopfkissen beschreibt durchaus einen richtigen Zusammenhang.

Gesunder Schlaf beinhaltet ausreichend Traumanteile.

Ist Denken genug?
Vom Einfluss des Körpers und der Gefühle auf das Denken

„Ich denke, daher bin ich." Dieses berühmte Zitat von René Descartes bedarf nach heutigem Wissen einer Erweiterung. Der Mensch besteht ja nicht nur aus Denken. Um den Menschen als Ganzes verstehen zu können, braucht es eine umfassende Betrachtungsweise, bei der auch die Gefühle und der Körper eine wesentliche Rolle spielen. Auch wenn die Gefühle in der Tradition der griechischen und römischen Philosophie keine allzu große Rolle spielten, so hatte doch der Körper einen hohen Stellenwert. „Mens sana in corpore sano" – ein gesunder Geist in einem gesunden Körper. Das ist ein Leitspruch, der Gesellschaften seit nunmehr zwei Jahrtausenden prägt, auch wenn die Bedeutung des Körpers durch Sport und Fitness in den Kulturen ganz ordentlichen Schwankungen unterliegt. Nach verschiedenen Hoch- und Tiefphasen über die Geschichte hinweg befinden wir uns heute erneut in einer Blütezeit des Körperkultes. Fitness, ein ebenmäßiger Körper und sportliche Höchstleistungen sind seit einigen Jahrzehnten wieder zu einem zentralen Gut geworden. Ein Gut, das auch Ausmaße

„Die Seele atmet durch den Körper, und Leiden findet im Fleisch statt, egal, ob es in der Haut oder in der Vorstellung beginnt."
(A. R. Damásio) [6]

annehmen kann, die einem Leben im Gleichgewicht widerspre-
chen. Der Hype von sportlichen Großereignissen – egal ob Fuß-
ball, Radfahren oder Triathlon –ist für den Normalbürger jedenfalls
nur bedingt nachahmenswert. Die Dosis macht den Effekt aus. Das
gilt genauso wie in der Medizin, wo das gesündeste Präparat bei
einer Überdosierung zu einem Gift wird und andererseits giftige
Substanzen in einer vorsichtigen Dosierung heilend wirken. Das
richtige Maß sollte auch hier die Richtschnur sein.

Die Kultivierung des Körpers tut auch dem Geist – der Psyche – gut.
Das ist zwar schon altes Wissen, wurde jedoch erst seit kurzem
als Forschungsfeld entdeckt. Unter dem Begriff des Embodiment
und der somatischen Marker [6; 38] nahmen Wissenschaftler die
Wechselwirkungen von Körper und Geist genauer unter die Lupe.
Und tatsächlich konnte in ebenso einfachen wie eindrucksvollen
Experimenten gezeigt werden, dass der Körper einen ganz wesent-
lichen Einfluss auf unser Denken und unser Fühlen hat.

Ein Experiment zu Embodiment – der Wechselwirkung von Körper und Psyche

Stellen Sie sich aufrecht hin, lassen Sie dann die Schultern fallen, den Kopf hängen, den
Blick auf den Boden gerichtet. Verbleiben Sie etwas in dieser Haltung. Was können Sie fühlen, was denken? Nehmen Sie dann eine ganz aufrechte Haltung ein, mit geradem Rücken,
aufrechtem Kopf, den Blick geradeaus gerichtet, vielleicht sogar das Kinn etwas gehoben.
Achten Sie auf eine gute Körperspannung, straffen Sie die Muskeln. Was können Sie jetzt
spüren, was denken? Gibt es einen Unterschied zwischen diesen Körperhaltungen?

Die meisten Menschen nehmen die Veränderung deutlich wahr, fühlen wir uns doch
viel wohler, selbstsicherer und befreiter, wenn wir aufrecht sind. Und umgekehrt fühlen wir uns bedrückt, unsicher und eingeengt, wenn wir uns zusammensinken lassen.
Das erkennen wir auch, wenn wir andere Menschen beobachten. Geht jemand zu-

sammengesunken, mit hängenden Schultern und einem zu Boden gerichteten Blick, so interpretieren wir das mit einer gedrückten, selbstunsicheren Gemütslage. Ein aufrecht gehender Mensch mit gehobenem Kopf und klarem Blick wird hingegen als selbstsicher und mit sich im Gleichgewicht wahrgenommen.

Die Haltung hat noch weitere Einflüsse. Da wir darauf reagieren, wie jemand erscheint, verstärkt sich diese Haltung und Stimmung noch. Ein unsicherer, gedrückter Mensch wird in der Arbeit eher diejenigen Aufgaben zugeteilt bekommen, die wenig attraktiv sind. Er erfährt von den anderen, selbstsicheren Kollegen eher Ablehnung. Wenn man sich nicht gut behaupten und wehren kann, wird man meistens automatisch in diese Rolle hineingedrängt. Im Privatleben werden introvertierte, zurückgezogene Menschen seltener eingeladen. Freunde und Bekannte interpretieren die reservierte Haltung meistens als Interessenslosigkeit und gehen dann auch selbst auf Distanz. Das führt in weiterer Folge zu einer Verstärkung der Selbstunsicherheit und gedrückten Stimmung, die einen sozialen Rückzug noch weiter fördert. Dieser Zusammenhang spielt eine ganz wesentliche Rolle bei der Aufrechterhaltung von Depressionen.

Gibt es ein Denken ohne Gefühle?

Rationales, logi-
sches Denken ist
ohne Gefühle nicht
möglich.

Rationales Denken und Gefühle werden oft als Gegensatz beschrieben. Auch Alltagsaussagen wie „Sei nicht so emotional, sei
mehr rational!" bezeichnen diesen angeblichen Gegensatz. Dabei ist rationales, logisches Denken ohne Gefühle nicht möglich
und sogar mit extremen Nachteilen verbunden. Antonio Damásio,
Professor für Neurologie aus Portugal, hat dies ausgiebig erforscht
[6]. Dabei untersuchte er Personen, die Gehirnverletzungen aufwiesen. Wir wissen schon seit über 100 Jahren, dass verschiedene
Gehirnbereiche für verschiedene Funktionen des Denkens, Erlebens, Fühlens und Verhaltens verantwortlich sind. Wenn bestimmte Gehirnbereiche verletzt sind, dann gibt es Beeinträchtigungen in
diesen Funktionsbereichen, sofern nicht andere Gehirnareale den
Ausfall übernehmen und kompensieren können.

Im Fall Elliot, wie ihn Damásio genannt hat, kam es durch einen
Tumor im Stirnlappen (vorderer Bereich des Gehirns) zu einer bedeutsamen Persönlichkeitsveränderung. Der Tumor war gutartig
und wurde erfolgreich operiert. Elliot absolvierte daraufhin eine
Reihe an neuropsychologischen Tests, die ihm alle eine durch-
schnittliche und teilweise sogar überdurchschnittliche Intelligenz,
Konzentrationsfähigkeit und Gedächtnisleistung attestierten. Er
kehrte auch bald wieder in seinen Beruf in einem Wirtschaftsunternehmen zurück, wo er für seine Arbeit geschätzt wurde und
jüngeren Mitarbeitern als Vorbild galt. Aber nach der Operation
hatte sich seine Persönlichkeit dramatisch verändert. „Das begann
schon am Morgen: Man mußte ihn drängen, damit er aufstand und
zur Arbeit ging. Am Arbeitsplatz konnte er sich die Zeit nicht ein-
teilen. Er war unfähig, einen Zeitplan einzuhalten. Wenn er eine
Tätigkeit abbrechen und sich einer anderen zuwenden mußte,
blieb er oft bei der ersten und schien sein eigentliches Ziel aus
den Augen zu verlieren". Er verhielt sich zunehmend irrational,
was schließlich seine Kündigung zur Folge hatte. Und das trotz
ausgezeichneter psychologischer Testergebnisse! Es musste also
etwas anderes für das irrationale Verhalten von Elliot verantwort-

lich sein. Der Schlüssel waren die Emotionen. Damásio fiel auf, dass Elliot emotional ungewöhnlich distanziert erschien, auch wenn er über die Tragödie seines Lebens berichtete. „Offenbar litt ich beim Anhören dieser Geschichten mehr als Elliot selbst". Eine psychophysiologische Messung ermittelte die Körperreaktionen beim Betrachten verschiedener Bilder. Dabei zeigte Elliot keine besonderen Reaktionen bei normalerweise sehr emotional besetzten Bildern, wie brennende Häuser, Opfer von Verkehrsunfällen oder Überschwemmungen. Bei positiven Bildern war dies ähnlich. „Wissen, ohne zu fühlen – so könnte man Elliots mißliche Situation vielleicht zusammenfassen" [6, S. 66/77].

Mit diesen Ergebnissen wird deutlich, dass wir unsere Emotionen brauchen, um rational handeln zu können. Denken und Fühlen sind also doch nicht so gegensätzlich, wie oft angenommen wird. Emotionen geben unserem Leben erst eine Bedeutung, eine Qualität. Wer mit seinen Emotionen bewusst und achtsam umgeht, lebt jedenfalls intensiver. Bei manchen braucht es dafür ganz intensive Reize, wie bei Extrembergsteigern, für andere genügt schon der leichte Nervenkitzel bei einem Liebesfilm.

Emotionen geben unserem Leben Qualität!

Körper, Denken und Gefühle

Die Geschichte der Psychologie ist voll von Widersprüchen und Ungereimtheiten, die sich erst im Laufe der Zeit auflösten. Einer dieser Widersprüche betrifft die Beschäftigung mit den Emotionen und dem Körper. Zu Beginn der wissenschaftlichen Psychologie am Ende des 19. Jahrhunderts standen zwei Emotionstheorien nebeneinander beziehungsweise im Widerspruch zu einander. Die eine – die **Cannon-Bard-Theorie** – beschrieb Gefühle genauso, wie es dem Hausverstand entspricht. Sie besagt, dass ein bestimmter Auslöser – zum Beispiel ein Bär im Wald – wahrgenommen wird, dann der Gedanke „Gefahr" entsteht, dieser Gedanke das Gefühl Angst auslöst und zur Flucht führt. Demgegenüber formulierte die **James-Lange-Theorie** einen umgekehrten Weg (siehe Abb. S. 44). Nach dieser Theorie führt der Anblick des Bären zu automatischen

zwei Emotionstheorien

Theorien zur Emotionsentstehung

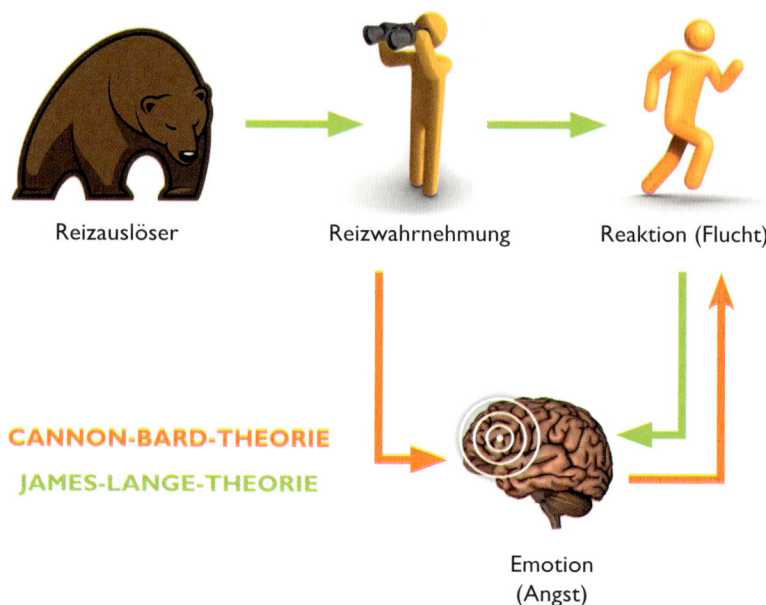

| Reizauslöser | Reizwahrnehmung | Reaktion (Flucht) |

CANNON-BARD-THEORIE

JAMES-LANGE-THEORIE

Emotion
(Angst)

Körperreaktionen wie Herzklopfen und Muskelanspannung und zum reflexhaften Weglaufen. Erst danach wird das Gefühl Angst ausgelöst und gedanklich wahrgenommen [11]. Die Theorie von James und Lange klingt etwas bizarr und wurde auch von den Forschern der damaligen Zeit weitestgehend abgelehnt. Und dennoch ist sie nicht ganz verschwunden. In den 1990er Jahren gab es sogar eine späte Würdigung, indem sich ein ganzes Journal dieser Theorie widmete. Heute verstehen wir auch durch die Erforschung des Embodiment den Zusammenhang soweit, dass beide Theorien kein Entweder-oder darstellen, sondern ein Sowohl-als-auch. Die James-Lange-Theorie hat jedenfalls die Bedeutung des Körpers bei der Entwicklung der Emotionen deutlich herausgestellt. Der Körper ist nicht nur „Gefolgsorgan" der Psyche, sondern Gedanken und Gefühle werden durch den Körper ganz wesentlich beeinflusst.

Damásio formuliert es treffend, wenn er sagt: „Hätte der Mensch nicht die Möglichkeit, Körperzustände zu empfinden, die genetisch als unangenehm oder angenehm definiert sind, gäbe es in seinem Leben kein Leid und keine Seligkeit, keine Sehnsucht und kein Erbarmen, keine Tragödie und keinen Ruhm". Und noch prägnanter schreibt er: „Empfindungen bilden die Grundlage dessen, was Menschen seit Jahrtausenden als Seele bezeichnen". Körper und Geist sind eng miteinander verwoben. Wir haben das bereits bei den verschiedenen Emotionstheorien kennengelernt. Was bleibt von einem Gefühl ohne Körperreaktionen? Wohl nur ein lauer Abklatsch dessen, was möglich ist. Und auch unsere Gedanken wären nicht dieselben. „... unser Geist existiert in und für einen integrierten Organismus. Er wäre nicht, was er ist, erwüchse er nicht aus der Wechselbeziehung zwischen Körper und Gehirn" [6, S. 16f.]. Daran hat möglicherweise auch David Cameron bei seinem Film „Avatar" gedacht, bei dem ein künstlich hergestellter Körper – ein Avatar – auf einen besonderen Menschen zugeschnitten ist und nur von diesem gesteuert werden kann. Eine faszinierende Idee, die derzeit noch als Science Fiction vielleicht tatsächlich einmal zu Science wird.

Körper und Geist sind eng miteinander verwoben.

2 Den rastlosen Geist zur Ruhe bringen

Einleitung

4 Strategien, um Ihren Geist zur Ruhe zu bringen

Nicht zu denken kann über verschiedene Wege erreicht werden. **Achtsamkeit,** kognitive Umstrukturierung, Hypnose und Neurofeedback haben sich dabei besonders bewährt, sowohl in der psychologischen Praxis als auch zur Selbsthilfe. Auch wenn diese vier Strategien gleichermaßen geeignet sind, um den rastlosen Geist zur Ruhe zu bringen, könnten die Zugänge kaum unterschiedlicher sein. Und gerade deshalb erweist sich die Kombination dieser Strategien als so spannend und wirkungsvoll, ist doch jeder Mensch einzigartig und für jede Problemstellung eine individuelle Lösung erforderlich. Patentrezepte helfen zwar bis zu einem gewissen Ausmaß weiter, lassen aber dann doch etwas vermissen. Was macht diese verschiedenen Ansätze so wertvoll? Achtsamkeit hat eine jahrtausendealte Tradition. In den 1980er Jahren im Westen neu entdeckt, schwingt sie sich derzeit zu einem wahren Hype auf. Ein Hype, der freilich seine Berechtigung hat, handelt es sich bei der Achtsamkeit doch um eine Grundhaltung zur Förderung von Wohlbefinden und Gesundheit. Der Kern der Achtsamkeit ist ein Zustand des Gewahrseins, was im gegenwärtigen Augenblick ist, ohne zu bewerten oder zu reagieren, kurz: „nichts tun".

Die **Kognitive Umstrukturierung** – die bewusste Veränderung negativer Gedankenmuster – bezeichnet einen gänzlich anderen Zugang. Sie wurde in den 1960er Jahren von verschiedenen Psychologen zunächst für die Behandlung von Depressionen entwickelt und in weiterer Folge bei einer Vielzahl an psychischen und psychosomatischen Beschwerden und auch zum Stressmanagement erfolgreich eingesetzt. Negative Gedanken werden bewusstgemacht, analysiert und im Sinne eines inneren Dialoges auf ihre Glaubwürdigkeit überprüft. Während die Achtsamkeitsmeditation das Denken „ausschaltet", lenkt die kognitive Umstrukturierung die Aufmerksamkeit genau auf Gedankenabläufe, um diese zu verändern und dadurch ein Loslassen von den Gedankenkreisen zu erreichen. Verfolgt wird also das gleiche Ziel, aber auf einem anderen Weg.

Hinsichtlich des subjektiven Erlebens kann man **Hypnose** und Achtsamkeit als zwei Extrempunkte eines Kontinuums betrachten. Achtsamkeit hat einen wachen, im gegenwärtigen Augenblick fokussierten Zustand zum Ziel. Hypnose führt demgegenüber in einen Trancezustand, der das Erleben und Wahrnehmen verändert, ähnlich einem Traumzustand. Dieser Zustand ist zwar auch fokussiert, allerdings nicht notwendigerweise in der Gegenwart, sondern häufig in der Zukunft, der Vergangenheit oder der Phantasie. Die Möglichkeiten im Trancezustand gehen deutlich über das hinaus, was wir uns im normalen Wachzustand vorstellen können. Es eröffnen sich Zugänge zur Beeinflussung des Unbewussten, automatischer Gedanken, Gefühle und des Körpers, die dazu verhelfen können, loszulassen und nichts zu denken. Hypnose und Suggestionen werden bereits seit Jahrtausenden mit verschiedenen Methoden verwendet. Die moderne Hypnose geht auf Milton Erickson in den 1960er Jahren zurück und hat seitdem eine weite Verbreitung bei Psychologen und Ärzten gefunden.

Neurofeedback ist ein gänzlich anderer Zugang zum menschlichen Denken. Psychologen und Hirnforscher – und wohl auch andere – haben schon immer davon geträumt, die Gedanken der Menschen lesen zu können. Mit der Entwicklung des EEG zur Messung von Gehirnwellen glaubte man, diesem Ziel nähergekommen zu sein. Bis heute hat sich dies nicht wirklich erfüllt, aber kleine Schritte in diese Richtung sind getan. Ebenfalls in den 1960er Jahren entdeckte die psychologische Forschung die Technik des Neurofeedback – was für ein innovatives Jahrzehnt der Psychologie! Mit der Messung der Gehirnwellen und des Neurofeedback gelingt es, einen Blick in das Denkmuster eines Menschen zu ermöglichen. Man kann zwar nicht genau sagen, was jemand denkt, aber die verschiedenen Bewusstseinszustände – Konzentration, nicht denken, Tagträumen oder Gedankenjagen – werden feststellbar. Und nicht nur das. Es gelingt mit Neurofeedback – durch diesen Spiegel der eigenen Gehirnwellen – das Denken zu verändern und auch einen gedankenfreien Zustand zu erreichen. Darin besteht eine gewisse Ähnlichkeit zur Achtsamkeitsmeditation und beide Verfahren können auch bestens kombiniert werden. Das birgt den Vorteil, dass durch Neurofeedback der achtsame, gedankenfreie Zustand leichter erlernt werden kann.

Die vier Wege des „Nicht immer denken"

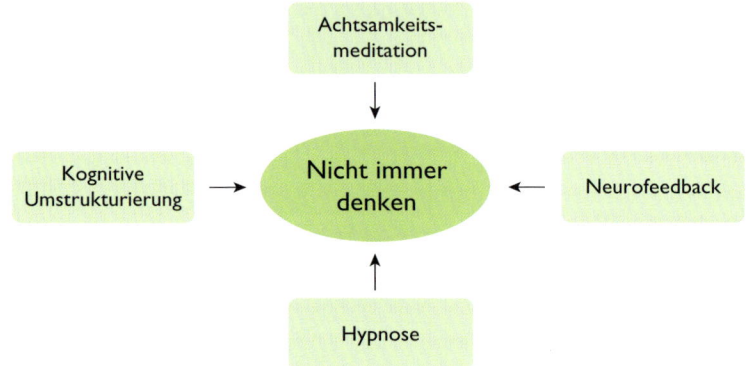

Achtsamkeitsmeditation: Die Kraft von Stille und Konzentration

Achtsamkeit und Achtsamkeitsmeditation sind seit einiger Zeit wahre „Renner", sowohl in Fachkreisen als auch bei Laien. Es vergeht kaum eine Woche ohne neue Berichte in den Printmedien zum Thema Achtsamkeit. Wenn man den Begriff „mindfulness" googelt, erhält man über 19 Millionen Treffer, im Deutschen findet man bei „Achtsamkeit" immerhin über 1,5 Millionen und zu „Meditation" stolze 147 Millionen Ergebnisse (Stand 26.10.2013). Auch in der Wissenschaft erfreut sich die Achtsamkeit einer steigenden Beliebtheit. Die Anzahl an wissenschaftlichen Publikatio-

mindfulness
Achtsamkeit
Meditation

nen über Achtsamkeit und Achtsamkeitsmeditation hat sich in den vergangenen Jahren exponentiell gesteigert. Mittlerweile erscheinen dazu mehr Artikel pro Jahr als zu jedem anderen Entspannungstraining. Wobei Achtsamkeitsmeditation nicht ganz in das Schema der traditionellen Entspannungsverfahren wie Autogenes Training oder Progressive Muskelentspannung passt. Es gibt eine bestimmte geistige Grundhaltung, eine aufrechte Sitzposition und die Aufgabe „nichts zu tun". Damit unterscheidet sich das Training – oder besser die Lebenshaltung – doch deutlich von anderen Entspannungstrainings. Und tatsächlich wirkt die Achtsamkeitsmeditation auch anders als Atemtraining oder Imagination, als Progressive Muskelentspannung oder Biofeedback. Das bedeutet nicht, dass das eine oder andere besser oder weniger wirksam ist. Jedes Training hat seine eigene Bedeutung und Wirksamkeit, nicht alles ist für jeden geeignet. Im Buch „Mein Weg in die Entspannung" [36] bin ich ausführlich auf die Besonderheiten der sieben wichtigsten Entspannungstrainings eingegangen und habe erläutert, wie man in vier Schritten zur maßgeschneiderten Entspannung kommt. Achtsamkeit hat längst verschiedene Lebensbereiche erfasst. Betriebe, Institutionen und auch Schulen haben den Wert der Achtsamkeit und der Achtsamkeitsmeditation erkannt und entwickeln für Manager, Angestellte, Schüler und Lehrer Workshops zu diesem Thema. Google, umtriebig nicht nur in der Entwicklung moderner Medien, bietet seit 2007 an der Google University Achtsamkeitskurse für Mitarbeiter und auch Mindfulness Leadership für Manager an. Die Projekte der Mindfulness-Schools sind seit einigen Jahren besonders in den USA, England und Neuseeland nicht mehr aus dem Schulalltag wegzudenken. Und auch in Deutschland und Österreich interessieren sich mehr und mehr Betriebe und Bildungsinstitutionen für die Möglichkeiten des Achtsamkeitskonzepts, um Gesundheit und Persönlichkeitsentwicklung zu fördern. Ein eigenes Projekt in Österreich zum Thema Gesunde Schule hat bereits nach wenigen Monaten alle Erwartungen übertroffen (www.worklifebalance.at).

Projekte der Mindfulness-Schools

Achtsamkeit in einer neuen Generation

Offensichtlich hat das Thema Achtsamkeit genau jetzt den Nerv der Menschen getroffen. Kein Wunder, weist es doch einen Weg aus Reizüberflutung, Überlastung und Autopilot-Modus. Sich Zeit nehmen für das, was zählt, wird für die Menschen immer wichtiger, nicht nur für diejenigen in der Midlife-Crisis, sondern besonders auch für junge Menschen der sogenannten **Generation Y** („generation why") der 18- bis 30-Jährigen. Diese hinterfragen ihr Leben stärker als die Generation davor. Es ist ihnen wichtig, sich selbst zu entwickeln, das zu tun, was Spaß macht und dem eigenen Lebenssinn entspricht. In einem Artikel aus der Wochenzeitung „DIE ZEIT" wurde zur Generation Y ironisch formuliert: „Wollen die auch was arbeiten?" Und tatsächlich werden von vielen jungen Menschen die eigenen Bedürfnisse höher bewertet als die schnelle Karriere oder Statussymbole. Der Beruf ist dabei nicht mehr wichtiger als das Privatleben, erfreulicherweise. Und genau das macht es für Unternehmer und Personalverantwortliche so schwierig, diese jungen Menschen zu führen. Geld alleine ist jedenfalls ein zu geringer Motivator, die Arbeit muss Sinn stiften, den eigenen Werten entsprechen und gut mit dem Leben vereinbar sein. Das Prinzip der Work-Life-Balance wird also nicht erst dann mühsam gelernt, wenn man sich bereits zur Hälfte im Burnout befindet, sondern steht als Voraussetzung, um sich überhaupt auf den Arbeitsprozess einzulassen.

Das beleuchtet die eine Seite. Auf der anderen Seite gibt es weiterhin viele Menschen, auch junge, die den Leistungsdruck der Eltern, der Lehrer und der Gesellschaft als „Naturgesetz" in sich aufgenommen, internalisiert haben. Und hier beobachten wir seit vielen Jahren, wie innerer und äußerer Leistungsdruck bereits im Kindes- und Jugendalter zu psychosomatischen und psychischen Beschwerden führt und junge Erwachsene bereits nach wenigen Jahren im Arbeitsprozess in das Vollstadium eines Burnout rasen. Umso wichtiger ist es, dass bereits in der Kindheit und Jugend auf ein Leben im Gleichgewicht geachtet wird: ein achtsames Leben,

Zeit für das, was zählt

Prinzip der Work-Life-Balance

vorgelebt von Eltern, Lehrern und anderen wichtigen Bezugspersonen, am besten spielerisch gelernt, sowohl in der Schule als auch in der Freizeit, bei Musik, Theater oder Sport. Dabei verläuft der Lernprozess nicht nur vom Erwachsenen zum Kind, sondern vielfach auch umgekehrt. Denken Sie nur an die achtsame Grundhaltung eines Kindes im Vorschulalter, vollkommen fokussiert, wach und lebendig beim Tun: beim Spiel, beim Basteln oder bei einer Wanderung. Wenn nur das Hier und Jetzt von Bedeutung ist und alles andere herum ausgeblendet wird. Die Begeisterung, die Freude am Neuen, am Entdecken. Wo bei einer Wanderung jedes kleine Detail, jeder Stein, jede Blume am Wegrand zu einem Abenteuer wird. Für Eltern ist das oft eine Geduldsprobe, gibt es doch schon wieder etwas „Wichtigeres" zu tun, Vorbereitungen für den Beruf, die Hausarbeit oder noch ein Einkauf. Was uns Erwachsenen oft unnütz erscheint, ist für Kinder jedoch ganz selbstverständlich. Der Philosoph Richard David Precht formuliert dies in seinem Buch „Warum gibt es alles und nicht nichts?" [31] sehr pointiert: Lange Flure in Schulgebäuden sind für Kinder nicht dazu da, würdevoll und ernst entlangzuschreiten, wie dies manche Lehrer und auch Eltern gerne hätten, sondern sie laden geradewegs dazu ein, entlangzulaufen und über den Boden zu rutschen. Genauso wie ein Einkaufswagen im Supermarkt nicht nur für den Transport der Lebensmittel geeignet ist, sondern als ausgezeichnetes Vehikel zum Dahingleiten. Kinder machen das ganz selbstverständlich, ohne Rücksicht auf das, was andere denken. Und wir Erwachsenen? Wir nehmen es nicht einfach als etwas ganz Normales hin, sondern überlegen, was andere denken könnten und was richtig und falsch ist. Was halten die anderen von mir, wenn ich das tue? Mache ich mich zum Clown, wenn ich so verspielt bin? Solche Gedanken sind es, die den Impuls sofort im Keim ersticken. Nur wenige Erwachsene sind so selbstbestimmt, auf sich zu hören und den eigenen Bedürfnissen zu folgen.

Ich erinnere mich daran, wie sehr ich es genossen habe, mir beim Einkaufen mit meinen Kindern immer wieder zu erlauben, einen

langen schrägen Gang außerhalb des Supermarktes als Einkaufs-
wagen-Rennbahn zu nutzen: die Kinder vor mir herlaufend, ich auf
dem Einkaufswagen stehend und in voller Fahrt unterwegs. Was
für ein Gefühl! Welch ein Glücksgefühl, das dabei entsteht! Das
war natürlich nur dann machbar, wenn sich niemand anderes in
diesem Gang befand. Wenn dann doch andere Erwachsene entge-
genkamen, so sah man meist ihre Überraschung, aber gleichzeitig
eine gewisse Bewunderung, fast so als würden sie selbst gerne auf
dem Wagen stehen, um die Fahrt zu genießen. Andere Kinder waren sofort verzückt und aus dem Augenwinkel konnte ich manchmal erkennen, wie diese mit ihren Eltern tuschelten. Vielleicht ging
es ja darum, sie zu einem Einkaufswagen-Rennen zu überreden?
Was wir davon mitnehmen können, ist die achtsame Grundhaltung, die Kinder ganz selbstverständlich haben. Wenn wir uns auf
ihre Welt einlassen, dann können wir eine ganze Menge von ihnen
lernen. Wir müssen uns nur die Zeit für das Wesentliche nehmen.
Und das ist vielleicht eher das Einkaufswagen-Rennen als die Arbeit zu Hause oder im Büro.

Was ist Achtsamkeit?

Mindfull or mindful?

„Achtsamkeit bedeutet auf eine bestimmte Weise gewahr zu sein: absichtsvoll, im gegenwärtigen Augenblick und nicht bewertend."
(Jon Kabat-Zinn)
[21]

Das englische Wort „mindful" eignet sich ausgezeichnet für ein Wortspiel: „mindfull" oder „mindful", „ein überfüllter Geist" oder ein achtsamer Geist. Ein kleiner Buchstabe macht diesen großen Unterschied aus (siehe Abb. S. 55). In dem Cartoon sind ein Mensch und ein Hund dargestellt. Beide gehen spazieren. Vor ihnen befinden sich vier Bäume und die Sonne. Während sie so dahinspazieren ist der Kopf des Menschen voll mit allerlei Gedanken: dass für das Auto demnächst ein Servicetermin vereinbart werden sollte, nicht zu vergessen, die Tochter von der Musikschule abzuholen, die quietschende Tür im Badezimmer, die der Partner noch immer nicht geölt hat, weshalb es jeden Morgen einen Streit darüber gibt, bei dem der Partner kontert, dass man selbst ja auch dies oder das noch immer nicht erledigt hätte, und so weiter. Der Kopf ist voll mit tausend Gedanken, Gedanken an die Vergangenheit oder an die Zukunft, das Hier und Jetzt gleitet einfach vorbei. Das, was in dem Augenblick an diesem Ort sichtbar ist, die Bäume und die Sonne, wird komplett ausgeblendet und überhaupt nicht wahrgenommen. Wie sieht es beim Hund aus? Dieser ist in einem achtsamen Zustand. Er (oder sie) nimmt einfach wahr, was ist, die

Die folgenden Kernelemente zeichnen Achtsamkeit aus:

- ↘ gewahrsein all dessen, was im gegenwärtigen Augenblick vorhanden ist
- ↘ Neugier und Offenheit: den Zauber des Neuen bewahren
- ↘ wach und aufmerksam sein
- ↘ wahrnehmen, ohne zu bewerten
- ↘ wahrnehmen, ohne reagieren oder handeln zu müssen
- ↘ eine freundlich-liebevolle Grundhaltung

vier Bäume und die Sonne. Keine Bewertung, keine Gedanken an etwas anderes, nur im Hier und Jetzt sein. Das ist Achtsamkeit. Etwas, das wir uns nicht nur von den Kindern, sondern vielleicht auch von unseren Haustieren abschauen können.

Gewahrsein des gegenwärtigen Augenblicks

Das Gewahrsein des gegenwärtigen Augenblicks bedeutet, den aktuellen Moment bewusst wahrzunehmen, dort zu sein, wo sich der Körper befindet, im Hier und Jetzt. Viele Menschen sind mit ihren Gedanken ganz woanders, wandern zwischen der Vergangenheit und der Zukunft. Der gegenwärtige Augenblick zieht vorbei wie im Nebel, in einem Autopilot-Modus. Ein Zitat des Dalai Lama bringt es auf den Punkt: „Whatever you are doing, ask yourself: What's the state of my mind?" Wenn Sie sich tagsüber immer wieder fragen, wo sich ihr Geist befindet, werden sie feststellen, wie häufig ihr Geist auf Wanderschaft geht, wie selten die Aufmerksamkeit auf den Augenblick fokussiert ist. Bereits durch dieses Bewusstmachen fördern Sie die Achtsamkeit im Alltag. Genau in diesem Moment, wenn Sie sich diese Frage stellen, befinden Sie sich in einem achtsamen Zustand.

„Yesterday is history, tomorrow is mystery, today is a gift."
(Eleanor Roosevelt)

Wo befindet sich Ihr Geist?

Dein Körper ist in der Gegenwart. Wo ist dein Geist?

Vergangenheit Gegenwart Zukunft

Neugierig und offen – den Zauber des Neuen bewahren

Neugierig und offen zu sein, schenkt der natürlichen Neugier, dem Wissensdurst, mehr Aufmerksamkeit. Der Mensch ist von Natur aus ein Forscher, erkundet sich selbst und seine Umgebung. Die Neugier wird leider häufig unterdrückt. Das, was Kinder und Jugendliche fasziniert hat, fällt im Erwachsenenleben größtenteils dem Vernünftigen zum Opfer. Und bereits in der Schule verlieren viele Kinder die Lust am Lernen. Kein Wunder, dass Lernen im Erwachsenenalter oftmals negativ besetzt ist. Dabei lernen wir ständig, jeden Tag aufs Neue. Nur nicht im Sinne des Frontalunterrichts in der Schule, sondern ganz selbstverständlich im täglichen Tun. Sowohl im Beruf, wenn es um Problemlösungen geht, als auch in der Freizeit beim Kennenlernen des neuen Mountainbikes oder beim Ausprobieren eines neuen Rezepts.

Offenheit für Erfahrung zählt zu den Big Five – den fünf elementaren Bereichen der Persönlichkeit

In der Psychologie zählt **„Offenheit für Erfahrungen"** zu den Big Five, den fünf elementaren Bereichen der Persönlichkeit. Offenheit bezeichnet dabei das Interesse an persönlichen und öffentlichen Vorgängen, Experimentierfreude, Wissensdurst sowie das Interesse an künstlerischen Aktivitäten. „Offene" Menschen sind phantasievoll, nehmen ihre eigenen Emotionen deutlich wahr und verhalten sich gemäß den eigenen Bedürfnissen. Dies alles zählt zu den Eigenschaften, die in der Tradition der Achtsamkeit seit über 2000 Jahren gelehrt werden.

Der Zauber des Neuen kann jeden Tag neu gelebt werden, auch bei ganz alltäglichen Routinetätigkeiten wie der morgendlichen Dusche, der Tasse Tee oder Kaffee beim Frühstück oder der Fahrt zur Arbeit. Jeder Tag bringt neue Erlebnisse. Wenn Sie mit den Routinen des Alltags achtsam umgehen, werden Sie feststellen, wie reichhaltig die Erlebnisse sind. Auch wenn Sie schon tausende Male den gleichen Weg zurückgelegt haben, so können Sie diesen Weg jedes Mal neu entdecken: Details, die Ihnen bislang nicht aufgefallen sind, die Veränderung der Natur im Wandel der Jahreszeiten, das Licht, das jedes Mal etwas anders erscheint.

Wach und aufmerksam sein

Achtsamkeit führt zu Wachheit und erhöhter Aufmerksamkeit. Die Präsenz des Geistes im Hier und Jetzt schärft die Sinne für den Augenblick. Die neugierige Grundhaltung setzt positive Energie frei, Körper und Psyche sind in einem angenehm aktivierten Zustand.

Das Yerkes-Dodson-Gesetz, das bereits 1908 von den beiden Psychologen Robert M. Yerkes und John Dillingham Dodson entwickelt wurde, beschreibt sehr anschaulich den **Zusammenhang zwischen Aktivierung** (Erregung) **und Leistungsfähigkeit** (siehe Abb. unten). Bei geringer Aktivierung, in einem dösenden Zustand, ist nur eine geringe Leistungsfähigkeit vorhanden, genauso wie bei extremer Aktivierung, bei Panik. Dafür existieren jedoch unterschiedliche Gründe. Bei zu geringer Aktivierung steht zu wenig Energie und Motivation für eine gute Performance zur Verfügung. Bei zu hoher Aktivierung schießt die Energie über und ist nicht mehr kontrollierbar – Panik entsteht. Dazwischen, auf dem Höhepunkt der umgekehrt u-förmigen Kurve, ist die beste Leistungsfähigkeit vorhanden. Das eigene Potenzial kann bestmöglich genutzt werden.

Das **Ziel von Achtsamkeit** besteht darin, in diesen optimalen Aktivierungsbereich zu kommen, auch wenn nicht primär die Leistungssteigerung im Vordergrund steht – wir wollen ja bewusst entschleunigen und aus der Stress-Spirale aussteigen. So führt regelmäßiges Achtsamkeitstraining doch „ganz nebenbei" zur Steigerung von Konzentration, Gedächtnis und Leistungsfähigkeit. Und natürlich wird durch die Förderung von Wachheit das Erleben bei Erholung und Regeneration deutlich intensiviert.

Yerkes-Dodson-Gesetz

Der Zusammenhang von Aktivierung bzw. Wachheit und Leistungsfähigkeit (Yerkes-Dodson-Gesetz)

Wahrnehmen, ohne zu bewerten

„Wenn man darüber redet, wird auch das Einfachste gleich kompliziert und unverständlich."
(Hermann Hesse, Klein und Wagner)

Wenn wir etwas sehen, hören oder spüren, werden sofort Gedanken angeregt: dass eine Aussicht schön ist, eine Musik dem Ohr schmeichelt oder ein Mittagsgericht köstlich schmeckt. Umgekehrt kann das alles auch negativ bewertet werden: ein hässlicher Anblick, ein unerträglicher Lärm oder eine versalzene Suppe. Wir nehmen im Allgemeinen nicht einfach wahr, was vorhanden ist, sondern bewerten die Erlebnisse. Durch unser Denken geben wir den Dingen um uns (und in uns) erst eine Qualität. Davor sind sie nur Reize, die über unsere Sinnesorgane aufgenommen und an das Großhirn weitergeleitet werden. Was wir daraus machen, liegt im Auge des Betrachters.

Im Abschnitt über den Konstructivismus (siehe S. 27 haben wir deutlich gesehen, wie wir unsere subjektive Wirklichkeit ständig aufs Neue erschaffen. Das wäre an sich noch vollkommen unbedenklich, würden wir nicht dazu neigen zu vergleichen. Zu vergleichen, ob es anders sein sollte, ob es besser sein könnte. Der Anblick am Strand in Italien ist ja wirklich schön, wie wäre es aber mit den Malediven? Das Essen in der Pizzeria schmeckt wirklich gut, aber wären nicht viel mehr Gaumenfreuden im Gourmetrestaurant möglich? Bewertungen führen häufig zu Unzufriedenheit: etwas zu wollen, was man nicht hat, und etwas zu haben, was man nicht will.

Mit einer achtsamen Grundhaltung werden Erlebnisse einfach angenommen, ohne zu bewerten, ohne zu hinterfragen. Dadurch stellt sich eine Präsenz im Hier und Jetzt ein. Das Erleben wird intensiver und reichhaltiger und dadurch auch genussvoller.

Wahrnehmen, ohne reagieren oder handeln zu müssen

„Glücklich ist man, wenn man will, was man hat, und wenn man hat, was man will."

Wenn wir nicht bewerten, dann ergeben sich keine Diskrepanzen zwischen unserem Sein und Wollen, dann ist alles O.K., so wie es ist. Es tut gut, nicht immer sofort handeln oder reagieren zu müssen, Gegebenheiten einfach sein zu lassen, zu beobachten und wahrzunehmen. Besonders in einer hektischen Welt wird immer wieder von anderen und von uns selbst erwartet, sofort zu reagieren, zu handeln. Kaum jemand hält es aus, auf eine SMS oder eine E-Mail, die gerade im Posteingang mit einem „Plop" landet, nicht zu reagieren. Kaum jemand kann sich überwinden, auf die besorgte Mitteilung eines Freundes über dessen Probleme nicht unmittelbar einige Ratschläge hervorzuzaubern. Aber ist das wirklich notwendig, wird das von anderen immer erwartet? Setzen wir uns selbst vielleicht zu sehr unter Zeitdruck? Nehmen Sie sich die Zeit, bevor Sie reagieren oder handeln. Manchmal lösen sich Situationen von selbst auf oder die Dringlichkeit verblasst mit etwas Abstand. Und auch der Freund wird es schätzen, wenn sie einfach zuhören, da sind und ihm ein Gefühl von Rückhalt vermitteln. Die Lösung für sein Problem muss er ohnehin selbst finden. Aber alles zu seiner Zeit.

Freundlich-liebevolle Grundhaltung

Eine freundlich-liebevolle Grundhaltung ist der Neugier und Offenheit sehr ähnlich. Sie betont allerdings die positive Einstellung den Dingen, der Natur und den Lebewesen gegenüber. Im Buddhismus und Hinduismus hat diese freundlich-liebevolle Haltung einen besonderen Stellenwert. Dies ist geprägt durch die Lehre des Karma, die besagt, dass jede Handlung und jeder Gedanke eine Folge hat, in diesem oder in einem anderen Leben. Wie auch immer ihre Religiosität oder Lebensphilosophie aussieht, es braucht eine Haltung, die auf Freundlichkeit und Liebe beruht, sich selbst und anderen gegenüber, um Zufriedenheit und Glück zu erreichen. Wie heißt es doch so schön: „Glücklichsein ist nicht ein Ziel, sondern eine Art des Lebens."

„Happiness is not a destination, it´s a way of life."

Achtsamkeit und Achtsamkeitsmeditation in der Praxis

„Sich nicht von den 24 Stunden des Tages benutzen lassen, sondern die 24 Stunden des Tages selbst nutzen." (Zen-Meister Rinzai)

Weniger ist tatsächlich mehr.

Achtsamkeit ist eine Grundhaltung, die in jedem Augenblick des Alltags gelebt werden kann: in der Freizeit beim Sport, bei der Musik oder beim Plaudern mit Freunden, in der Familie, bei der gemeinsamen Zeit mit dem Partner oder beim Spielen mit den Kindern und sogar bei der Arbeit. Das gelingt umso leichter, je mehr Sie sich auf ein Objekt, auf eine Tätigkeit konzentrieren können und ablenkende Reize reduzieren. Multitasking ist der Feind der Achtsamkeit. Je mehr Informationen außen vorhanden sind, umso schwerer fällt es, mit der Aufmerksamkeit bei einer Sache zu bleiben. Achten Sie darauf, sich nur eine Aktivität nach der anderen vorzunehmen, und Sie werden feststellen, dass weniger tatsächlich mehr ist. Mit verstärkter Aufmerksamkeit auf eine Aktivität oder auf ein Objekt können Sie das gesamte Bewusstsein darauf fokussieren und viel tiefer darin eintauchen, als wenn es nur nebenbei wahrgenommen wird.

Der tägliche Weg zur Arbeit ist ein gutes Beispiel dafür. Nehmen Sie sich einmal Zeit auf diesem Weg. Achten Sie darauf, was Sie sehen können, welche Geräusche es gibt, wie es sich hier anfühlt, welche Gerüche vorhanden sind, und vielleicht können Sie auch einen Geschmack auf der Zunge wahrnehmen. Sie werden erstaunt sein, wie reichhaltig dieser alltägliche Weg ist, wie viel Neues Sie entdecken können und wie sich dieser Weg jeden Tag aufs Neue verändert.

Einstieg in die Achtsamkeit: Die Rosinen-Übung

Die Rosinen-Übung gehört zu den Klassikern des Achtsamkeitstrainings. Nehmen Sie eine Rosine zur Hand und lenken Sie nacheinander alle Sinne auf die Rosine. Betrachten Sie die Rosine. Wie sieht die Rosine aus? Welche Farbe können Sie sehen, gibt es

verschiedene Farbschattierungen, Stellen, die dunkler sind, Lichtreflexe an anderen Stellen? Wie sieht die Oberfläche aus? Die Rillen, die unterschiedlich ausgeprägt sind, manche größer, manche kleiner. Die Form der Rosine, auf einer Seite etwas breiter, auf der anderen schmaler. Wenn Sie die Rosine drehen, können Sie noch weitere Details erkennen. Nehmen Sie die Rosine dann zwischen Daumen und Zeigefinger und halten Sie die Rosine zum Ohr. Drücken Sie leicht. Können Sie ein Geräusch hören? Wenn Sie eine „musikalische" Rosine gewählt haben, dann können Sie verschiedene Geräusche bemerken, wenn Sie die Rosine drücken und drehen. Sie können auch zum anderen Ohr wechseln. Vielleicht hört sich die Rosine hier anders an. Wenn Sie die Augen schließen, können Sie die Geräusche noch besser wahrnehmen. Achten Sie dann darauf, wie sich die Rosine anfühlt. Was können Sie spüren? Die zerfurchte Oberfläche, die Form, die Konsistenz, vielleicht auch die klebrige Oberfläche. Tasten Sie die Rosine zuerst in einer Hand, dann in der anderen. Gibt es einen Unterschied? Je länger Sie tasten, umso mehr entpuppt sich all das, was Sie bei der Rosine fühlen können. Führen Sie dann die Rosine zur Nase. Sie können die Augen wieder schließen. Was können Sie riechen? Einen leicht süßlichen Geruch und vielleicht auch noch anderes. Nehmen Sie die Rosine dann in den Mund und achten Sie auf den Geschmack. Wie schmeckt die Rosine auf der Zunge, weiter vorne und weiter hinten? Wie verändert sich der Geschmack, wenn Sie auf die Rosine beißen, diese dann zerkauen und schlucken?

Wie ist es Ihnen bei dieser Übung ergangen? Wo war Ihr Geist? Haben Sie sich auf die Rosine konzentriert oder waren die Gedanken auf Wanderschaft? Wenn Sie die ganze oder die meiste Zeit ihre Aufmerksamkeit auf die Rosine gerichtet haben, dann waren Sie tatsächlich über fünf bis acht Minuten – so lange dauerte diese Übung im Allgemeinen – in einem achtsamen Zustand.

Das Morgenritual: Achtsames Duschen

Den Morgen mit einer Achtsamkeitsübung zu beginnen, ist ein toller Start in den Tag. Wenn Sie es gewohnt sind, zunächst eine Dusche zu nehmen, dann können Sie dies mit Achtsamkeit verbinden. Bleiben Sie dabei ganz bewusst im Augenblick. Nehmen Sie wahr, wie sich das Wasser anfühlt, wie der Duschstrahl auf den Körper trifft, wie sich das Gefühl verändert, wenn Sie sich drehen, um abwechselnd alle Körperstellen zu umspielen. Sie können den Wasserstrahl beobachten, wie dieser zerstäubt wird zu feinen Tröpfchen bis hin zu einem Wassernebel. Wie sich zunehmend ein Dampf bildet, der dem Badezimmer eine besondere Atmosphäre verleiht. Wenn Sie das Licht betrachten, können Sie das Spiel von Licht und Schatten erkennen und Sie bemerken, wie sich die Lichtstrahlen bei zunehmender Vernebelung ändern. Dann können Sie die Aufmerksamkeit auf das Gefühl im Körper lenken und darauf, wie sich die Wärme im Körper ausbreitet, oder auf die wohlige Erfrischung, wenn die Wassertemperatur angenehm kühl ist. Wie es sich anfühlt, wenn Sie die Spannung in den Schultern loslassen, wenn Sie eine aufrechte Haltung einnehmen, sich etwas bewegen und drehen. Wenn Sie auf die Geräusche des Wassers achten, können Sie feststellen, wie sich diese verändern, wenn Sie sich drehen, wenn das Wasser immer wieder anders auf den Körper trifft. Sie können auch die Augen schließen, um die Geräusche noch intensiver wahrzunehmen: das An- und Abschwellen des Rauschens oder auch das Tropfen, wenn sich an manchen Stellen mehr Wasser sammelt. Wenn Sie das Gesicht in den Wasserstrahl eintauchen lassen, können Sie das Wasser spüren, wie es über Stirn, Augen, Wangen und Mund rinnt. Wenn Sie den Mund etwas öffnen, können Sie das Wasser schmecken und in einem Bogen wieder ausspucken.

Dehnen Sie dann die Achtsamkeit auf alle Empfindungen aus, nehmen Sie alle Eindrücke wahr. Die Aufmerksamkeit wird dabei umfassender, der Fokus wird geweitet. Sie nehmen alles wahr, was im Moment vorhanden ist.

Bei dieser Übung dehnt sich, wie auch bei den anderen Achtsamkeitsübungen, das Zeitgefühl aus. Eine fünfminütige Dusche nimmt somit subjektiv 10 oder 15 Minuten in Anspruch. Was für eine schöne Alternative, mit viel Zeit in den Tag zu starten, anstatt sich hetzen zu müssen. Diese Übung führt somit zur Verlangsamung der Zeit, zur Entschleunigung, und macht auch angenehm wach.

Achtsamkeitsmeditation

Die Achtsamkeitsmeditation unterscheidet sich von der Fülle an möglichen Meditationsübungen. Während bei vielen Meditationen Gedankenreisen durchgeführt werden, geht es bei der Achtsamkeitsmeditation genau darum, mit dem Geist nicht zu reisen, sondern **im Hier und Jetzt zu verweilen.**

Die Achtsamkeit wird durch eine aufrechte, sitzende Haltung gefördert. Ein wacher, achtsamer Geist hat als körperliches Pendant eine aufrechte, wache Sitzhaltung. Jon Kabat-Zinn nennt es „aufrecht und würdevoll sitzen", was eine außerordentlich schöne Formulierung darstellt. Für viele Menschen ist dies ungewohnt, da wir meistens angelehnt sitzen und dabei noch ganz bequem „lümmeln" und im Oberkörper zusammensinken. Das fühlt sich zwar sehr bequem an, symbolisiert jedoch nicht Wachheit, sondern Schlaffheit. Beobachten Sie sich selbst und andere im Alltag. Wie ist die Körperhaltung beim Sitzen, beim Stehen oder Gehen? Viele Menschen haben eine Körperhaltung, die entweder schlaff und kraftlos ist oder zu viel Spannung aufweist. Eine positive Spannung, die Kraft, Energie und Gelassenheit ausstrahlt, ist eine Seltenheit. Dabei hat die Körperhaltung Rückwirkungen auf die Psyche, wie Sie bereits im Kapitel zum Einfluss des Körpers auf das Denken und Fühlen (Embodiment) lesen konnten (S. 39). Probieren Sie es selbst

aufrechte, sitzende Grundhaltung – wacher, achtsamer Geist

einfach aus. Während Sie dieses Buch lesen, setzen Sie sich aufrecht in den Sessel, richten Sie den Oberkörper auf, den Kopf im Lot und die Schultern locker und entspannt. Atmen Sie ruhig und gleichmäßig in den Bauch. Spüren Sie einen Unterschied?

Die Achtsamkeitsmeditation mit Konzentration auf die Atmung

Die Achtsamkeitsmeditation wird traditionellerweise auf einem Sitzkissen durchgeführt. Als Sitzhaltung empfiehlt sich der Schneidersitz, der Fersensitz oder auch – für besonders Gelenkige – der Lotussitz. Wichtig ist ein aufrechter Oberkörper, mit leichtem Hohlkreuz, geradem Rücken, der Kopf im Lot und die Schultern entspannt. Die Hände liegen auf den Oberschenkeln auf, in der Tradition des Buddhismus und Hinduismus mit sich berührenden Daumen und Zeigefingern und nach oben gedrehten Handinnenflächen. Das symbolisiert eine offene Haltung und führt außerdem zu einer natürlichen Öffnung des Oberkörpers. Alternativ können Sie die Hände auch gerade aufliegen lassen (Abb. S. 67).

Die Vorgaben für die Übungen der Achtsamkeitsmeditation sind auf das Wesentliche reduziert: „nichts tun". Keine Vorstellung, keine Bilder, keine Wörter. Einfach sitzen und die Aufmerksamkeit auf den Atem lenken. Den Atem wahrnehmen in allen Facetten. Wie sich der Bauch beim Einatmen etwas hebt und beim Ausatmen wieder senkt. Dem Luftstrom nachspüren, wie die Luft durch die Nase oder den Mund über die Atemwege in die Lunge gelangt. Wie die Luft beim Ausatmen wieder aus dem Körper streift. Die Empfindungen, die dabei auftreten, ganz intensiv wahrnehmen. Und auch auf die Körperhaltung achten.

Währenddessen machen Sie sich die Grundprinzipien der Achtsamkeit bewusst: offen und neugierig sein, nicht zu bewerten, nicht zu handeln oder zu reagieren, alles so anzunehmen, wie es ist. Die Übung kann unterschiedlich lange durchgeführt werden. Empfehlenswert sind mindestens 15 Minuten. Sie werden bemerken, wie besonders zu Beginn der Achtsamkeitspraxis der Geist zu wandern beginnt: zunächst nur einzelne kurze Gedanken, dann auch vollständige Gedankenketten, die Sie mit auf Reisen nehmen. In dem Moment, in dem Sie bemerken, dass Sie abgedriftet sind, befinden Sie sich in einem achtsamen Zustand. Diese achtsamen Zustände treten mit fortschreitender Übung immer öfter ein und Sie können dann die Achtsamkeit auch über einige Minuten auf Atmung und Körper zentrieren.

Achtsamkeitsmeditation

Die Achtsamkeitsmeditation mit Body Scan

Eine Variation der Achtsamkeitsmeditation mit Fokus auf den Atem ist der Body Scan. Dabei lenken Sie die Aufmerksamkeit auf den Körper, durchwandern den Körper vom Kopf bis zu den Füßen, machen sich alle Empfindungen bewusst, wie sich die Muskeln anfühlen, wie die Hände auf den Oberschenkeln aufliegen und die Beine Kontakt zur Unterlage haben. Sie können auf die Wärme in den Händen achten oder auf das Gefühl im Bauch. Wie sich der Kopf anfühlt, die Stirn und die Augen. Bleiben Sie mit der Aufmerksamkeit einige Zeit bei einer Körperregion und gehen Sie dann weiter. Schließlich können Sie den Fokus auf den ganzen Körper ausdehnen und den Körper als Ganzes wahrnehmen und auf sich wirken lassen.

Die Wassermeditation

Achtsamkeitsmeditation lässt sich mich allen Sinnen durchführen, wie Sie bei der Rosinen-Übung gesehen haben. Während die Atemmeditation und der Body-Scan sich auf den Körper beziehen, wird bei der Wassermeditation das Hören in den Mittelpunkt der Aufmerksamkeit gerückt. Es eignen sich besonders natürliche Wasserquellen, ein Bach, ein Springbrunnen oder ein Wasserfall. Schließen Sie einfach die Augen und lenken Sie die Aufmerksamkeit auf die Geräusche des Wassers, das Plätschern und das Rauschen.

Besonders eindrucksvoll in Erinnerung habe ich eine Wasserfall-Meditation bei einer mehrtägigen Bergtour auf dem Karnischen Höhenweg an der Grenze zwischen Österreich und Italien. Auf dieser Tour waren meine Frau und ich mit dem Zelt unterwegs, um die Kraft der Stille über mehrere Tage zu genießen. Am dritten Tag schlugen wir unser Zelt am Rande eines malerischen Bergsees auf, inmitten der imposanten Bergkulisse, umgeben von schroffen Gipfeln und lieblichen Wiesen. An diesem Ort stürzten von verschiedenen Seiten Wasserfälle ins Tal, die sich dann zu einem Bach sammelten, der in den Bergsee mündete. Die richtige Einladung für eine Achtsamkeitsmeditation. Ich nahm Platz auf einem mit Moos überzogenen Stein, der sich ähnlich anfühlte wie mein Sitzkissen zu Hause, die Beine im Schneidersitz und der Rücken aufrecht. Zunächst stimmte ich mich mit dem Atem auf die Meditation ein, dann schwenkte ich die Aufmerksamkeit auf das Hören, das Rauschen der Wasserfälle. Dieses Rauschen erzeugte ein regelrechtes Naturkonzert, jeder Wasserfall mit einer eigenen Melodie, die durch den Wind manchmal lauter, dann wieder leiser erklang. Sich wiederholend und doch jedes Mal etwas anders. Ich verweilte für etwa 20 Minuten in dieser Meditation und konnte dadurch die Kraft von Achtsamkeit und Stille intensiv aufnehmen.

Die Wassermeditation an einem magischen Ort

Die 5-4-3-2-1-Methode

Mit dieser Übung wird eine rotierende Aufmerksamkeit geschult. Der Fokus wandert vom Sehen zum Hören zum Tasten und Empfinden. Diese Methode ist auch gut geeignet, um aus negativen Gedankenkreisen auszusteigen. Die Konzentration der Aufmerksamkeit auf immer neue Inhalte verhilft zu einer Ablenkung vom Negativen und zur Förderung von Ressourcen. Durch die Ablenkung wird eine Unterbrechung der negativen Gedanken ermöglicht, eine Beruhigung des Geistes.

Bei dieser Übung nehmen Sie zunächst bewusst fünf Dinge wahr, die Sie sehen können (z.B. einen Baum, eine Farbe). Benennen Sie diese. Dann nehmen Sie fünf Dinge wahr, die Sie hören können (z.B. eine Musik, die Stille). Dann richten Sie Ihre Aufmerksamkeit auf fünf Dinge, die Sie tasten und fühlen können (z.B. die Wärme von Sonnenstrahlen, die Sitzfläche des Stuhls).

Danach führen Sie die Übung mit vier Dingen durch: Sehen – Hören – Tasten/Empfinden. Danach mit drei Dingen, dann mit zwei Dingen, dann mit je einem.

Achtsamkeit beim Sport

Aufmerksamkeit im Moment

Achtsamkeitsübungen sind wunderbar beim Sport einsetzbar. Es bieten sich sowohl Ausdauersportarten wie Nordic Walking, Joggen, Wandern, Radfahren oder Schwimmen an, als auch dynamische Sportarten wie Klettern, Aerobic oder Bodenturnen. Auch Teamsportarten lassen sich mit Achtsamkeit durchführen. Das Prinzip der Achtsamkeit ist bei den verschiedenen Sportarten dasselbe, es geht um die Aufmerksamkeit im Moment. Es gibt jedoch einen ganz wesentlichen Unterschied zu Wettkampfsport im Profi- oder Hobbybereich. Die Vorbereitung und Teilnahme an einem Wettkampf hat das Gewinnen beziehungsweise eine bestimmte Leistung im Mittelpunkt. Es geht darum, im Vergleich zu anderen und zu sich selbst Höchstleistungen zu erzielen. Trainingspläne beinhalten ganz klare Vorgaben zu Häufigkeit, Dauer und Intensität der

Trainingseinheiten. Dabei werden die eigene Motivation und das Durchhaltevermögen immer wieder auf eine Probe gestellt. Wenn der Sportler bestimmte Ziele nicht erreicht, führt dies meistens zu Frustration, Ärger oder depressiver Stimmung.

Ganz anders ist das bei Achtsamkeit im Sport. Hier geht es nicht um ein bestimmtes, rigides Ziel oder eine vordefinierte Leistung. Der Sportler lässt sich auf den Sport ein, genießt das Hier und Jetzt, die Empfindungen im Körper, die Natur oder das Gemeinsame mit den anderen. Es können natürlich bestimmte Ziele gesteckt werden, z. B. das Absolvieren einer bestimmten Runde für Sportarten wie Nordic Walking oder Radfahren. Dabei wird jedoch kein Druck erzeugt. Auch wenn die eigene Leistungsfähigkeit in ihren Grenzen bewusst erlebt wird, so geschieht dies mit einer akzeptierenden Grundhaltung.

Das bedeutet zum Beispiel beim Mountainbiken, eigene Limits zu erweitern („pushing the limits"), indem besonders steile Anstiege oder knifflige Trailpassagen bergab ausprobiert werden. Anders als beim Leistungssport wird das Ziel jedoch nicht verbissen verfolgt. Wenn die Herausforderung gelingt, führt dies zu einer großen Befriedigung. Wenn es nicht gelingt, so war alleine der Versuch ein Erfolg. Somit wird gelassen mit der Situation umgegangen, auch wenn es ein „Scheitern" bedeutet.

Dies tritt vielleicht bei einer Bergtour ein, die wegen eines Wettersturzes kurz vor dem Gipfel abgebrochen werden muss. Derjenige, der rigide an seinem Ziel festhält, bringt sich um den Genuss während der Aktivität und mitunter auch in Gefahr, wenn er nicht akzeptiert, dass die Weiterführung der Unternehmung zu riskant ist. Der achtsame Bergsteiger bleibt flexibel und passt die nächsten Ziele an die Möglichkeiten an. Wenn sich etwas ändert, von außen, wenn das Wetter nicht mitspielt, oder von innen, wenn die eigene Kondition zu sehr strapaziert ist, dann wird der Weg gewählt, der jetzt am besten umsetzbar erscheint. Und wer weiß, vielleicht ergeben sich dadurch erst neue Erlebnisse, die man sonst nicht erfahren hätte.

Flow – die außergewöhnliche Erfahrung

Der Begriff Flow kommt von „Fließen" und wurde von Mihály Csíkszentmihályi, emeritierter Professor für Psychologie an der University of Chicago, geprägt [5]. Flow beschreibt einen Zustand intensiven Erlebens, der dann eintritt, wenn sich die Anforderungen einer Situation und die eigenen Fähigkeiten annähernd die Waage halten. Dies gelingt besonders gut bei sportlichen Aktivitäten wie dem Klettern. Der Kletterer ist in seinem optimalen Schwierigkeitsgrad gefordert, muss sehr wachsam und achtsam sein, ist weder überfordert noch unterfordert, sondern im optimalen Leistungsbereich. Dadurch entsteht ein „Fließ-Zustand", bei dem ein Schritt automatisch den nächs-

ten ergibt. Jedes auftretende Problem – wie eine schwierige Kletterstelle – wird zur Herausforderung.

Kleine Veränderungen beim Steigen oder die Verwendung eines anderen Griffes ergeben sich wie von selbst, wobei der Kletterer höchst konzentriert ist. Jede Überwindung einer Problemstelle führt zu einem Gefühl tiefer Befriedigung. Dabei ist der Bereich der optimalen Zone manchmal ein schmaler Grat und kann rasch in Überforderung oder Unterforderung kippen. Wobei das Problem der Unterforderung leichter abgefangen werden kann als die Überforderung. Wenn es sich um eine Sportkletter-Route in der Halle handelt, bei der ein Sturz ins Seil einkalkuliert wird, stellt dies kein Problem dar. Wenn die Überforderung jedoch an einer Bergwand auftritt, bei der die Sicherungspunkte mehrere Meter auseinander liegen, kann es rasch unangenehm werden.

Während des Flow-Zustandes ist die Aufmerksamkeit vollständig auf das Hier und Jetzt gelenkt und das Denken verharrt ganz im Augenblick. Achtsamkeit im besten Sinne stellt sich ein.

Neurowissenschaften und Meditation:
Was geht im Gehirn von tibetischen Mönchen vor sich?

Richard Davidson, Neurowissenschaftler am Psychologischen Department der Universität von Wisconsin, hat mit seinem Team die Gehirnwellen bei einer besonderen Gruppe von Meditierenden untersucht [25]. Nachdem der Dalai Lama bereits 1992 auf die neurowissenschaftliche Forschung von Davidson aufmerksam wurde und begeistert war von den Möglichkeiten, Tradition mit moderner Wissenschaft zu verknüpfen, wählte er acht tibetische Mönche aus, die eine besonders herausragende Meditationspraxis aufwiesen: 15–40 Jahre praktische Erfahrung mit 10.000 bis 50.000 Gesamtstunden. Als Kontrollgruppe übten zehn Studenten, die bislang keinerlei Meditationserfahrung hatten, eine Woche lang Meditation. Die Zielsetzung der Meditation bestand darin, einen Zustand von bedingungsloser liebevoller Zuwendung und Mitgefühl zu erzeugen.

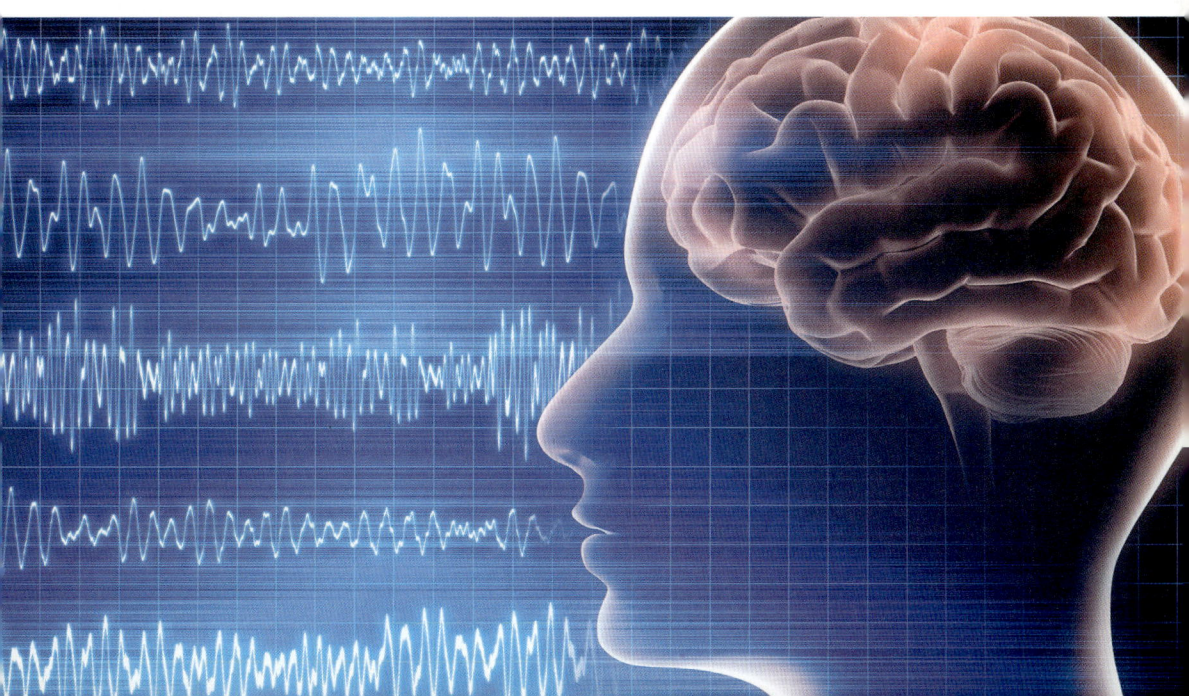

Die Studie ergab deutliche Unterschiede bei den tibetischen Mönchen und den „Meditationsneulingen". Die Mönche zeigten bei der **Messung mittels EEG** (Elektroenzephalografie) während der Meditation einen außerordentlich deutlichen Anstieg von Gamma-Wellen, 30 mal stärker als bei den nicht Meditierenden. Gamma-Wellen sind ein Zeichen für enorm fokussierte Gedanken (siehe „Die Gehirnwellen und ihre Bedeutung", S. 105). Bei der Kontrollgruppe waren diese kaum zu sehen. Außerdem kam es bei den Mönchen zu einer erhöhten Synchronizität verschiedener Gehirnareale, ein Zeichen dafür, dass das Gehirn besser vernetzt ist. Der linke vordere Gehirnbereich (linker präfrontaler Cortex), der für positive Emotionen zuständig ist, arbeitete bei den Meditierenden ebenfalls aktiver als bei der Kontrollgruppe.

Nicht nur die Gamma-Wellen sind bei Meditation stärker ausgeprägt, es kommt auch zu einer Steigerung von Alpha- und Theta-Frequenzen, wobei diese Effekte bei regelmäßig Meditierenden nicht nur während der Meditation, sondern auch im Ruhezustand auftreten [3]. Alpha-Wellen kennzeichnen einen entspannten Wachzustand, bei dem passiv wahrgenommen wird, ohne zu denken und zu analysieren. Das bezeichnet genau jenen Zustand, der bei der Achtsamkeitsmeditation angestrebt wird. Theta-Wellen sind sowohl beim Übergang zum Schlaf (Dösen), als auch bei Kreativität und beim Einspeichern von neu Gelerntem vorhanden. Sie werden auch mit bestimmten Aufmerksamkeits- und Konzentrationsprozessen in Verbindung gebracht.

Weitere neurowissenschaftliche Ergebnisse konnten zeigen, dass bei regelmäßig Meditierenden die Großhirnrinde (Cortex) an bestimmten Stellen dicker ist als bei nicht Meditierenden [23]. Diese dicker ausgeprägten Stellen befinden sich dort, wo durch die Meditation eine besondere Aufmerksamkeitszuwendung eintritt: in den Bereichen für die Wahrnehmung des Körpers (sensomotorischer Cortex), für die Wahrnehmung von visuellen Außenreizen (Brodmann-Areale 18 und 19), für akustische Reize, Sprache, Geruch und Geschmack (Insula) und für die fokussierte Konzentrati-

Alpha-Wellen kennzeichnen einen entspannten Wachzustand.

on (präfrontaler Cortex). Der Bereich für Empathie, die Fähigkeit, Gedanken, Gefühle und Persönlichkeitsmerkmale anderer Menschen zu erkennen und zu verstehen, ist bei Meditierenden ebenfalls stärker ausgeprägt (vorderer Teil der Insula). Genauso trifft das auf die Assoziationsareale der Großhirnrinde zu, die für mentale Funktionen wie Schreiben, Lesen und Rechnen zuständig sind.

Dass verschiedene Gehirnareale bei regelmäßig Meditierenden stärker vernetzt sind, hat die Wissenschaft ebenfalls nachgewiesen. Dies betrifft sowohl die Verbindungen zwischen den Gehirnarealen als auch innerhalb der Hemisphären [3; 41]. Es lässt darauf schließen, dass die Schaltzentren im Gehirn von Meditierenden besser miteinander kommunizieren.

Für eine ausführliche und kurzweilige Beschreibung der neurowissenschaftlichen Ergebnisse kann das Buch „Meditation für Skeptiker" von Ulrich Ott [29] wärmstens empfohlen werden.

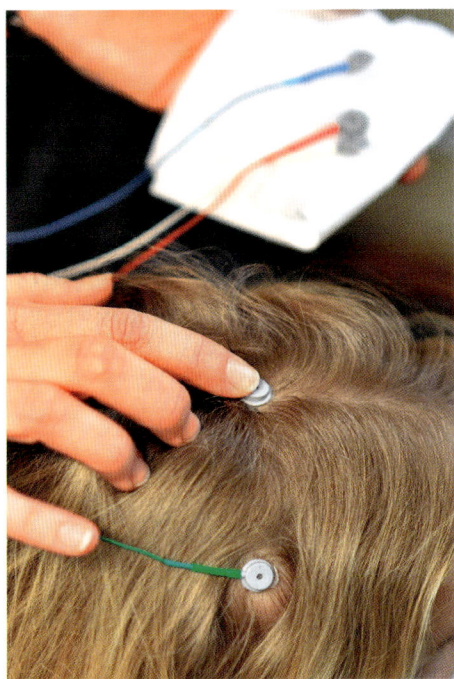

EEG-Messung

Kognitive Umstrukturierung:
Das negative Denken mit einem Experiment widerlegen

Die Entwicklung der kognitiven Umstrukturierung

„The greatest weapon against stress is our ability to choose one thought over another."(William James, Begründer der Psychologie in den USA und Professor an der Harvard University von 1876 bis 1907)

Die kognitive Umstrukturierung (oder kognitive Therapie) ist eine zentrale Therapiemethode in der klinischen Psychologie und Psychotherapie [1]. Sie wurde von Albert Ellis und Aaron T. Beck, einem US-amerikanischen Psychologen und einem Psychiater, in den 1950er und 1960er Jahren unabhängig voneinander entwickelt. Kognition ist der Überbegriff für Gedanken, Einstellungen und Überzeugungen. Einzelne Gedanken treten nicht isoliert auf, sondern sind immer in einem Verbund vorhanden. Man spricht hier auch von kognitiven Schemata. So wie unser Gehirn ein komplexes Netzwerk aus Neuronen und synaptischen Verbindungen darstellt, sind auch unsere Gedanken miteinander verknüpft. Manche dieser Gedankenmuster sind uns bewusst, manche sind uns nicht bewusst und andere wiederum stehen an der Schwelle zwischen Bewusstem und Nichtbewusstem. In der kognitiven Therapie werden vor allem die bewussten und teilweise bewussten Kognitionen betrachtet. Nichtbewusste Inhalte können mit dieser Therapiemethode nicht an die Oberfläche gehoben werden, dafür sind andere Methoden wie zum Beispiel die Hypnose oder klärungsorientierte Therapien geeignet. Die Grundprämisse der kognitiven Therapie besteht darin, dass unsere Gedanken darüber bestimmen, wie wir uns fühlen, wie wir handeln und wie wir die Welt betrachten.

Unsere Gedanken bestimmen unser Fühlen und Handeln.

Die kognitive Therapie wurde zunächst für die Behandlung von Depressionen entwickelt und später auch für Ängste und andere

Stresserkrankungen mit großem Erfolg eingesetzt [27]. Bei Depressionen gibt es häufig bestimmte negative Gedankenmuster, man spricht hier auch von einer kognitiven Triade [16]. Diese umfasst ein negatives Denken über sich selbst, über die Welt und über die Zukunft. Viel negativer kann man dann auch nicht mehr denken, also verwundert es nicht, dass eine ausgeprägte Depression entsprechend belastend ist.

Negative Gedanken ziehen weitere negative Gedanken an.

Nach dem Motto „Gleich und gleich gesellt sich gern" ziehen negative Gedanken weitere negative Gedanken an. Wenn es mir schlecht geht, werde ich vor allem das sehen und wahrnehmen, was zur aktuellen depressiven Stimmung hinzupasst. Positive Ereignisse werden dann gezielt und automatisch ausgeblendet, sie passen ja auch nicht zur negativen Stimmung. Dieser Prozess unterliegt nicht der bewussten Steuerung und läuft so automatisiert ab, dass es den Betroffenen gar nicht auffällt, wie negativ sie denken. Das erklärt auch, weshalb es depressiven Personen so schwerfällt, aus den negativen Mustern auszusteigen. Versuche, dieser kognitiven Triade zu entkommen, sind oft zum Scheitern verurteilt. Das negative Denken ist wie ein mächtiger Wasserstrudel, der den Betroffenen immer wieder zurückzieht.

Wie man lernt, negative Gedanken zu verändern

Bei der kognitiven Umstrukturierung geht es darum, automatische Gedanken – Gedanken, die bewusst oder teilweise bewusst sind – zu erkennen, zu analysieren und auf ihre Gültigkeit hin zu überprüfen. Anhand der folgenden Anleitung können Sie dies selbst ausprobieren:

Schritt 1:

Im ersten Schritt erfolgt eine Bestandaufnahme, die versucht, den automatischen Gedanken auf die Spur zu kommen. Im Nachhinein ist das oft schwierig, da diese Gedankenmuster so reflexhaft auftreten, dass sie kaum wahrgenommen werden. Wenn der Betroffene jedoch genau in jenem Augenblick innehält, in dem die negative Stimmung verstärkt vorhanden ist, können die negativen Gedanken leichter entlarvt werden. Das gelingt am besten, wenn im Alltag immer wieder ein Check-up erfolgt mit der Prüfung: „Wie geht es mir jetzt? Welche Gedanken habe ich im Moment?" Alternativ kann auch im Nachhinein eine bestimmte Situation durchgespielt werden, zum Beispiel ein Konflikt mit dem Partner. Dieses Durchspielen führt dazu, dass wieder die gleichen Gedanken und Gefühle auftreten und ins Bewusstsein gelangen. Diese Gedanken werden in ein Protokoll zur kognitiven Umstrukturierung (siehe S. 81) eingetragen, in Ich-Form und am besten mit Anführungsstrichen.

Schritt 2:

Im zweiten Schritt prüfen Sie diese Gedanken hinsichtlich ihrer Glaubwürdigkeit. Wie sehr sind Sie überzeugt, dass diese Gedanken stimmen? Die Richtigkeit wird auf einer Skala von 0 bis 10 eingetragen. Der Wert 0 bedeutet, dass Sie diesen Gedanken überhaupt nicht für richtig halten, der Wert 10 zeigt an, dass Sie von der Richtigkeit des Gedankens vollständig überzeugt sind. Sie werden sich auf dieser Skala im Allgemeinen nicht an den Extrempolen befinden, sondern irgendwo dazwischen. Meistens liegen die Einstufungen zwischen 5 und 8. Zahlen unter 5 sind selten vorhanden, da das bedeuten würde, dass dieser Gedanke nicht sehr intensiv vorhanden ist und auch eher weniger Probleme verursacht.

Schritt 3:

Im dritten Schritt werden die Auswirkungen der Gedanken auf die Gefühle erfasst. Welche Gefühle treten bei Ihnen in der Situation auf? Ist es Angst, Depression, Verzweiflung, Hilflosigkeit, Scham oder auch Wut und Ärger (über sich oder andere)? Diese Emotionen können Sie wieder nach ihrer Intensität auf einer Skala von 0 bis 10 bewerten (0 = nicht vorhanden, 10 = extrem vorhanden).

Schritt 4:

Im vierten Schritt interessieren uns auch noch die sich einstellenden Körperreaktionen. Was können Sie in der Situation spüren? Sind Verspannungen vorhanden, Herzklopfen, Schwitzen, kalte Hände, Zittern, innere Unruhe, ein flaues Gefühl im Magen oder Kurzatmigkeit? Jeder Mensch reagiert mit einem eigenen Stressmuster auf belastende Situationen. Dieses Muster zu kennen ist wichtig, um die geeigneten Entspannungstechniken einsetzen zu können. Ausführlich habe ich das im Buch „Mein Weg in die Entspannung" beschrieben. Die Körperreaktionen können Sie wieder auf einer Skala von 0 bis 10 einstufen.

Schritt 5:

Soweit handelt es sich um die Bestandsaufnahme der automatischen Gedanken mit ihren Einflüssen auf Gefühle und Körperreaktionen. Jetzt geht es darum, die negativen Gedanken zu verändern. Der fünfte Schritt ist das Kernstück der kognitiven Therapie. Die automatischen Gedanken werden jetzt auf ihre Glaubwürdigkeit und Plausibilität überprüft. Sammeln Sie möglichst viele Argumente, die gegen den automatischen Gedanken sprechen und diesen widerlegen. Manche der Argumente haben dabei mehr Gewicht, andere weniger. Zu Beginn ist es oft nicht einfach, die automatischen negativen Gedanken zu entkräften, da das negative Denken ganz schön dominierend sein kann. Nach den ersten Übungen fällt es jedoch zunehmend leichter, den automatischen Gedanken etwas entgegenzustellen.

Schritt 6:

Im sechsten und letzten Schritt wird das Ergebnis der kognitiven Therapie überprüft. Was hat sich durch diese Analyse und Widerlegung der negativen Gedanken verändert? Wie glaubwürdig sind die automatischen Gedanken jetzt noch, wie sind jetzt die Gefühle und Körperreaktionen auf der Skala von 0 bis 10 einzustufen? Bei einer gelungenen Übung hat sich die Glaubwürdigkeit der negativen Gedanken verringert, wenn auch nicht ganz aufgelöst. Gleichzeitig nehmen die negativen Gefühle und Stressreaktionen deutlich ab. Dadurch erscheint das negative Denken weniger dominant, es kreist nicht mehr alles um das belastende Thema, der Kopf wird etwas freier.

Protokoll zur kognitiven Umstrukturierung

Name: _____

Anleitung:

Sobald Sie ein unangenehmes Gefühl (Stimmung) erleben, tragen Sie die Situation, die automatischen Gedanken und die Gefühle ein, die dadurch ausgelöst werden. Stufen Sie den Glauben an den automatischen Gedanken (0 = gar nicht; 10 = absolut) und die Intensität der Gefühle (0 = gar nicht; 10 = höchste Gefühlsintensität) ein. Notieren Sie dann rationale Antworten und alternative Interpretationsmöglichkeiten sowie die Änderung des Glaubens an die automatischen Gedanken und die Änderung der Gefühle.

Datum	Situation	Automatische Gedanken	Gefühle, Körper-reaktionen	Alternative Gedanken	Resultat
	Beschreiben Sie kurz das Ereignis oder die Gedanken/Erinnerungen, die Sie zu unangenehmen Gefühlen führten.	1. Notieren Sie die automatischen Gedanken, die den Gefühlen vorangingen. 2. Stufen Sie den Glauben an diesen Gedanken ein (0–10).	1. Benennen Sie das Gefühl (Angst, Ärger, Trauer etc.) und die Körperreaktionen. 2. Stufen Sie die Intensität ein (0–10).	Wie kann die Situation anders bewertet werden?	Was hat sich verändert? 1. Stufen Sie nochmals den Glauben an den automatischen Gedanken ein (0–10). 2. Änderung der Gefühle und Körperreaktionen (0–10).

Auch wenn die Schritte in der Reihenfolge Gedanken – Gefühle – Körperreaktionen aufgeführt sind, so bedeutet das nicht, dass immer die Gedanken an erster Stelle stehen. Wie bereits auf Seite 43 beschrieben, können in bestimmten Situationen Körperreaktionen und Gefühle blitzschnell auftreten und erst danach kognitiv bewertet werden. Die angegebene Reihenfolge dient nur der leichteren Handhabbarkeit des kognitiven Gedankenprotokolls.

Die kognitive Umstrukturierung Schritt für Schritt:

1. Bestandsaufnahme der automatischen, negativen Gedanken

2. Wie glaubwürdig ist der negative Gedanke? Stufen Sie die Glaubwürdigkeit auf einer Skala von 0 bis 10 ein (0 = überhaupt nicht glaubwürdig, 10 = extrem glaubwürdig).

3. Welche Gefühle werden durch den negativen Gedanken ausgelöst? Wie intensiv sind diese Gefühle von 0 bis 10 (0 = nicht vorhanden, 10 = extrem vorhanden)?

4. Welche Stressreaktionen im Körper werden ausgelöst? Wie intensiv sind diese Körperreaktionen von 0 bis 10 (0 = nicht vorhanden, 10 = extrem vorhanden)?

5. Überprüfung der negativen Gedanken: Gibt es Argumente gegen den negativen Gedanken? Wie kann ich die Situation noch betrachten? Sammeln Sie so viele Argumente wie möglich.

6. Resultat: Was hat sich verändert? Wie glaubwürdig ist der negative Gedanke jetzt? Stufen Sie wieder von 0 bis 10 ein. Wie intensiv sind die Gefühle und Stressreaktionen von 0 bis 10?

Beispiel eines kognitiven Therapieprotokolls bei Panikstörung

Situation	Automatische Gedanken **Glaubwürdigkeit der Gedanken von 0–10** 0 = nicht glaubwürdig 10 = extrem glaubwürdig.	Gefühle und Körperreaktionen **Intensität von 0–10** 0 = nicht vorhanden 10 = extrem vorhanden.	Alternative Gedanken	Resultat Was hat sich durch die alternativen Gedanken verändert?
Herzklopfen während einer Teambesprechung in der Firma	„Ich bekomme einen Herzinfarkt." (8)	Angst (10) Hilflosigkeit (10) Herzklopfen, Schwitzen, Schwindel (10)	„Es ist stickig im Raum, vielleicht kommt das Herzklopfen davon." „Ich hatte schon früher Panikattacken, die wieder weggingen." „Die ärztliche Untersuchung war okay." „Jetzt ruhig durchatmen und an etwas anderes denken, dann geht das Herzklopfen weg." „Es passiert nichts Schlimmes."	Gedanken: „Ich bekomme einen Herzinfarkt." (2) Gefühle, Körper: Angst (3) Hilflosigkeit (2) Herzklopfen, Schwitzen, Schwindel (4)

Unterschied der kognitiven Umstrukturierung zum positiven Denken

Ein wichtiger Unterschied der kognitiven Umstrukturierung zum positiven Denken ist die Realitätsprüfung. Beim positiven Denken werden positive Suggestionen verwendet wie: „Ich schaffe das" oder „Ich fühle mich von Tag zu Tag besser". So wertvoll das auch sein kann, hilft es bei vielen negativen Gedankenmustern nicht weiter. Das „Einreden" positiver Gedanken kann in vielen Situationen nicht darüber hinwegtäuschen, dass es ein ernsthaftes Problem gibt. So gelingt es häufig nur kurz, den negativen Gedankenstrom zu durchbrechen. Sobald wir aufhören, durch positives Denken aktiv gegenzusteuern – man kann schließlich nicht den ganzen Tag mit positivem Denken verbringen –, poppen die negativen Gedanken wieder auf, ähnlich einem E-Mail-Programm, das wiederholt an eine neue Nachricht erinnert. Man kann die Information wegklicken, sie kommt aber wieder. Außerdem ist es häufig nicht sinnvoll, sich von einer Problematik abzulenken. Die wenigsten Probleme lösen sich von selbst auf. Wenn man nicht hinsieht, kann man auch keine Lösungsmöglichkeiten entdecken. Das Problem bleibt dann bestehen und wird mitunter immer größer, bis es nicht mehr zu ignorieren ist.

Negative Gedanken werden analysiert und bewertet und in weiterer Folge aufgelöst.

Die kognitive Therapie hingegen bedeutet ein wissenschaftliches Herangehen an die Problematik. Negative Gedanken werden analysiert und bewertet, alternative Gedanken rücken stärker in den Vordergrund. Das gelingt unterschiedlich gut und es kann auch vorkommen, dass ein negativer Gedanke bestätigt wird und keine gedankliche Veränderung möglich ist. Meistens lassen sich aber doch wesentlich mehr Argumente finden, die das negative Denken in seiner Übertreibung widerlegen. Und genau darin liegt auch die Stärke dieser Strategie. Man redet sich nicht einfach etwas ein, wider besseres Wissen, sondern nimmt eine Beweisführung vor, wie dies ein Wissenschaftler bei einem Experiment tut. Nur so können die negativen kognitiven Schemata tiefgründig aufgelöst werden.

Neues Denken im Alltag

Damit das neue Denken im Alltag gut verankert wird, sollten Sie die soeben beschriebene Übung zur kognitiven Umstrukturierung mehrmals durchführen, am besten, indem Sie das **Übungsprotokoll** zur kognitiven Therapie verwenden. Nach einigen Durchgängen werden Sie feststellen, dass es immer einfacher gelingt, das negative Denken zu verändern. Das Übungsprotokoll wird zunehmend verinnerlicht und Sie können die Umstrukturierung dann auch im Kopf durchführen. Und was noch besser ist: Sie können negative Gedanken frühzeitig erkennen und abfangen, bevor sich diese im Kopf zu sehr festsetzen. Die Bewertung der eigenen Person, der Welt und der Zukunft entwickelt sich zunehmend positiv. Das neue Denken wird verankert und gebahnt, es kann sich etablieren.

„Die Probleme werden nicht durch neue Informationen gelöst, sondern durch Neuordnung dessen, was wir bereits seit langem gewusst haben." (Ludwig Wittgenstein)

Hypnose: Ein Schlüssel zum Unbewussten

Ein kleines Experiment

Während Sie in Ihrem Sessel sitzen und dieses Buch lesen, brauchen Sie nicht auf die Wand des Raumes, die Farbe der Möbel, das Licht, das durch das Fenster fällt, oder die Beleuchtung zu achten. Nicht auf die Geräusche um Sie herum, die Bewegungen von Bauch und Brustkorb beim Atmen oder das Gefühl, wie Sie im Sessel sitzen. Oder auf das Gefühl von Wärme oder Kälte im Körper, die Anspannung oder Entspannung der Muskeln.

Und doch fällt es schwer, ja ist es beinahe unmöglich, mit der Aufmerksamkeit nicht herumzuwandern und je nach Fokus bei dem einen oder anderen zu verweilen. Und während Sie die Aufmerksamkeit auf ein Objekt richten, werden die anderen Informationen ganz nebensächlich und treten in den Hintergrund. Und genau so ist es unter Hypnose: Es wird die Anzahl der Brennpunkte Ihrer Aufmerksamkeit verringert und Sie erlauben sich, nur der Sache Aufmerksamkeit zu schenken, die unmittelbar von Bedeutung ist.

Die Entwicklung der Hypnose

hypnotische Trancezustände

Hypnose gehört zu den ältesten Heilmethoden der Menschheit und geht bis in die Zeit um 2.000 v. Chr. zurück. Im alten Ägypten finden sich um 1.500 v. Chr. erste schriftliche Aufzeichnungen über hypnotische Trancezustände. Seit dem 18. Jahrhundert gibt es Versuche, Hypnose wissenschaftlich zu untersuchen. In der Zeit des Fin de Siècle (um 1900) erlebte die Hypnose zunächst einen Aufschwung, der dann – wie bei jeder Übertreibung – zu einer Ernüchterung führte und die Hypnose für einige Jahrzehnte ein Schattendasein fristen lies. Mit Milton Erickson (siehe unten) erlebte die Hypnose seit Mitte des 20. Jahrhunderts eine Wiederbelebung. Sie ist mittlerweile aus dem Therapiespektrum der Psychologie, Psychotherapie und Medizin nicht mehr wegzudenken [32]. Die Einsatzgebiete der Hypnose sind jedenfalls außerordentlich weitgefächert: von körperlichen Erkrankungen, wie chroni-

Milton Erickson – Begründer der modernen Hypnose

Milton Erickson (1901–1980) studierte Psychologie und Medizin und war erster Präsident der Amerikanischen Gesellschaft für Klinische Hypnose. Er entstaubte die Hypnose von ihrem autoritären Charakter, wie dieser noch um 1900 vorhanden war, und entwickelte einen Zugang, der die Individualität des Patienten betont. Die Kommunikation erfolgt nach Erickson nicht direktiv und benutzt überwiegend Metaphern und Geschichten, die über einen indirekten Zugang Ressourcen im Patienten aktivieren sollen. Damit ist die moderne Hypnose ziel- und lösungsorientiert. Ihr liegt die Annahme zugrunde, dass der Patient Experte für sich selbst ist und ihm bereits alle Lösungswege innewohnen. Diese Lösungswege sind häufig nicht unmittelbar zugänglich und bedürfen spezieller Methoden, wie der Hypnose, um aktiviert zu werden. Mit der Hypnose nutzt man die Möglichkeiten des Unbewussten, um Einfluss auf Wohlbefinden, Gesundheit und Leistungsfähigkeit zu nehmen.

schen Schmerzen, über psychische Beschwerden, wie Depression oder Angst, bis zu Coaching und Persönlichkeitsentwicklung. Die Ansatzpunkte können auch kaum umfassender sein. Mit Hypnose lassen sich Ressourcen aktivieren, Lösungen entwickeln, negative Gedankenschemata verändern – ähnlich der kognitiven Therapie – oder auch Traumata bewältigen mit einem klärungsorientierten Zugang. Dadurch kann die Hypnose auch ausgezeichnet an die individuellen Bedürfnisse jedes Menschen angepasst werden.

Ressourcen werden aktiviert, Lösungen entwickelt und Gedanken verändert.

Wie Hypnose funktioniert

Hypnose setzt an den unbewussten Anteilen der menschlichen Psyche an. Über spezielle Techniken der Tranceinduktion wird man in einen Zustand versetzt, der die Aufmerksamkeit auf das innere Erleben lenkt. Dabei handelt es sich um ein Erleben, das dem Träumen nahe kommt, jedoch nicht mit Schlaf und Traum gleichzusetzen ist, auch wenn „hypnos" im Griechischen „Schlaf" bedeutet. Man kann den hypnotischen Zustand als **konzentrierte Aufmerksamkeit** bezeichnen. Diese führt dazu, dass alle anderen Erlebnisse, die momentan nicht wichtig sind, in den Hintergrund treten. Sie haben das bereits bei dem kleinen Hypnose-Experiment weiter oben kennengelernt.

Das Unbewusste spielt bei einem Großteil unseres Erlebens und unserer Handlungen eine ganz bedeutende Rolle. Wir sind in vielen Lebenslagen nicht so frei in unserem Handeln, wie wir glauben, sondern geprägt und gesteuert von inneren Programmen. Diese Programme haben sich im Laufe des Lebens entwickelt, mit Einflüssen von außen, wie Eltern, Freunden, Lehrern, und von innen, durch Glaubenssätze und Selbstsuggestionen. Auch wenn diese Programme zunächst unbewusst ablaufen, können sie dennoch erkannt und verändert werden. Das Unbewusste wird vor den Vorhang geholt, sichtbar und dadurch einer Veränderung zugänglich gemacht. Die Hypnose ist eine Möglichkeit für dieses

Zur Erinnerung: Das Eisberg-Modell des Bewussten und Unbewussten

Sokratischer Dialog

Bewusstmachen. Sie kann auch mit anderen Techniken, wie dem Sokratischen Dialog, kombiniert werden. Dabei wird der Patient/ Klient im psychologischen Gespräch durch gezielte Fragestellungen zu einem Klärungsprozess angeregt.

Dennoch ist es nicht immer einfach, die so erarbeiteten Vorhaben und Planungen in die Tat umzusetzen. Sie werden wahrscheinlich selbst einige Beispiele kennen, bei denen Sie sich etwas fest vorgenommen haben, beispielsweise mehr Sport zu betreiben, regelmäßiges Entspannungstraining durchzuführen oder mehr Zeit mit Ihren Lieben zu verbringen. Oft bleibt es aber bei den Vorsätzen und einigen zaghaften Versuchen. Nach kurzer Zeit sind die alten

Muster wieder genauso vorhanden wie eh und je. Vielen kommt es so vor, als würde ein innerer Widerstand bestehen oder einfach eine stärkere Anziehung konkurrierender Motive, wie faul auf der Couch zu liegen, doch noch etwas länger im Büro zu bleiben oder sich vor den Fernseher zu setzen. Wer kennt das nicht? Und doch ist es für die meisten Menschen ein Rätsel, warum es partout nicht gelingen will, das Verhalten zu ändern. Der Schlüssel dazu ist das Unbewusste, die Bedürfnisse und Motive, die tief in jedem von uns verankert sind. Schon per Definition ist ein bewusster Zugang zu diesem Unbewussten nicht möglich beziehungsweise nicht so einfach möglich. Dafür braucht es ein Vehikel, ein Transportsystem, um das bewusste Ziel dorthin zu transportieren, wo eine nachhaltige Wirkung entstehen kann. Und dieses Vehikel kann die Hypnose sein.

Ein bewusster Zugang zum Unbewussten ist nicht möglich.

Was macht das Gehirn während Hypnose?

Bei EEG-Messungen und bildgebenden Verfahren konnte nachgewiesen werden, dass die Aktivität des Gehirns bei Hypnose deutlich verändert ist. Der frontale Bereich des Gehirns, der für Planen und Organisieren zuständig ist, wird durch Hypnose deaktiviert. Das erklärt die Abblockung äußerer Reize während des Trancezustandes. Gleichzeitig steigert sich die Aktivität im Hinterkopf. Dies geht mit einer verbesserten visuellen Vorstellungsfähigkeit einher [7; 37]. Gerade bei tieferen Trancestadien kommt es häufig zu einer Erhöhung der langsamen Gehirnwellen (Alpha, Theta und Delta). Hochsuggestible Personen weisen dabei besonders deutliche Anstiege auf. Bei Katalepsie, dem Eintreten der Handstarre in mittlerer bis tiefer Trance, wurde hingegen ein Anstieg von Beta-Wellen festgestellt. Es gibt also je nach Bewusstseinszustand ganz unterschiedliche Reaktionen des Gehirns bei Hypnose.

Während der Vorschulzeit ist bei Kindern ein Überwiegen von Theta-Wellen zu verzeichnen. Kinder wechseln während dieser Entwicklungsphase spontan zwischen Realität und traumähnlichen Zuständen. Das ist auch der Grund dafür, weshalb Suggestionen in dieser Zeit besonders stark wirken und bestimmte Lebensereignisse sich außerordentlich stark im Bewusstsein bzw. Unbewussten verankern. Bei Erwachsenen verliert sich diese Fähigkeit des raschen Eintauchens in die Trance, deshalb verwenden wir dafür bestimmte Induktionstechniken.

Die Tranceinduktion

Fixation eines Punktes; Lenkung der Aufmerksamkeit auf den Körper; Erzählen einer Geschichte

Es gibt verschiedene Wege, in die Hypnose und den Trancezustand einzusteigen: die Fixation eines Punktes, die Lenkung der Aufmerksamkeit auf den Körper oder das Erzählen einer Geschichte. Der Hypnotiseur geht dabei ganz auf die jeweilige Person ein. Er nutzt alles, was die Person an Zeichen aussendet. Jede Veränderung der Körperhaltung, der Mimik, der Augen oder der Atmung wird aufgenommen und in die Tranceinduktion eingebaut. Alles, was sich ereignet, ist in Ordnung. Es wird nichts erzwungen, der Hypnotiseur leitet die Person behutsam in den Trancezustand hinein.

Ich möchte Ihnen einen Einblick in die Praxis der Hypnose geben. Eine sehr gute Möglichkeit für den Einstieg in die Trance ist die Fixationsmethode. Die Person sitzt dabei auf einem Entspannungsstuhl mit hoher Lehne, damit der Kopf abgelegt werden kann. Das ist sehr angenehm, da durch die Hypnose oft eine Entspannung in der Muskulatur eintritt und der Kopf ohne Lehne nach vorne fallen würde. Der Hypnotiseur sitzt an der Seite, um nicht im Blickfeld der Person zu sein, aber doch jede Veränderung an Gesicht und Körper erkennen zu können. In einem gleichmäßigen und ruhigen Rhythmus, der sich auf den Atemrhythmus der Person einstimmt, wird mit der Anleitung begonnen. Zwischen den Sätzen und auch nach jedem Satzteil sind kurze Pausen vorhanden, um das Gesagte wirken zu lassen. Verschiedene Phrasen werden bei der Hypnose mehrmals mit leichten Veränderungen der Formulierung wiederholt.

Der Einstieg in die Trance

„Während Sie im Entspannungsstuhl sitzen, können Sie nach vorne sehen und einen Punkt auswählen, auf den Sie die gesamte Aufmerksamkeit lenken. Alles andere um Sie herum kann ganz nebensächlich und unbedeutend werden, Sie sehen einfach weiter auf diesen Punkt und versuchen die Augen offenzuhalten. Dabei haben Sie die Hände angenehm aufliegen, den Kopf ganz entspannt an der Rückenlehne. Sie können alles loslassen und sehen einfach weiter auf diesen Punkt. Und je länger Sie die gesamte Aufmerksamkeit auf diesen Punkt richten, umso eher können Sie Veränderungen wahrnehmen. Eine Veränderung im Sehen, wie sich der Punkt verändert, wie dieser manchmal unschärfer wird und dann wieder schärfer, wie alles links und rechts, oben und unten undeutlich wird, verschwommen, wie in einem Nebel oder Schleier. Nur der Punkt vorne ist von Bedeutung. Es kann sich vielleicht auch das Gefühl in den Augen verändern, ein leichtes Tränen. Oder eine Schwere in den Augenlidern, wie die

Lidschläge langsamer werden und es zunehmend schwerer fällt, die Augen offenzuhalten. Dieses Schweregefühl in den Augenlidern kann noch weiter zunehmen. Dennoch können Sie noch weiter versuchen, die Augen etwas offenzuhalten. Bis Sie zu einem Punkt kommen, an dem Sie von innen heraus spüren, dass es angenehmer sein kann, die Augen zu schließen. Das kann jetzt sein oder etwas später. Sie können die Augen ganz angenehm schließen und es kann gut tun, die Augen einfach geschlossen zu halten. Der Blick, der zuvor nach außen gelenkt war, richtet sich nun nach innen. Dabei können Sie noch etwas tiefer in die Trance einsteigen, ganz nach ihrem Rhythmus und wie es für Sie angenehm ist. Sie brauchen nichts zu tun, kein Ziel zu haben, nichts wollen, nichts müssen, einfach nur wahrnehmen, was da ist und was sich verändert."

Diese Form des Einstiegs in die Hypnose verläuft nicht direktiv, der Hypnotiseur beschreibt nur, was an Tatsachen vorhanden ist („Sie sitzen im Entspannungsstuhl", S. 93), und bietet Möglichkeiten an, die die Person aufnehmen kann („... können Sie nach vorne sehen und einen Punkt auswählen ..."). Dadurch wird die Aufmerksamkeit auf eine bestimmte Veränderung gelenkt. Das Interessante dabei ist, dass dies durch eine sehr offene Formulierung geschieht („Sie können vielleicht eine Schwere in den Augenlidern spüren") und trotzdem bzw. gerade deshalb eine höhere Suggestionskraft entfaltet wird, als durch einen autoritären, direkten Zugang („Die Augenlider sind ganz schwer"). Durch scheinbar als nebensächlich eingeflochtene Suggestionen werden bestimmte Phänomene ausgelöst. Die Formulierung „Sie versuchen, die Augen offenzuhalten" impliziert, dass es schwierig ist, die Augen offenzuhalten. Wenn sich dann noch der Lidschlag zunehmend verlangsamt, wirkt die Suggestion umso stärker. Im Sinne der Utilisation – der Verwendung all dessen, was eine Person an Signalen aussendet – wird das sofort aufgenommen und einbezogen. Ein Hypnotiseur beobachtet jede kleine Veränderung bei der Person und auch in

Sitzen im Entspannungsstuhl

der Umgebung. Wenn während der Hypnose ein Lastwagen auf der Straße vorbeifährt, kann dies eingeflochten werden: „Auch wenn Geräusche außen hörbar sind, so sind diese ganz nebensächlich und Sie bleiben weiter in diesem angenehmen Zustand." Milton Erickson war ein Meister der Utilisation und hat dies zu einer besonderen Kunst entwickelt.

Habe ich jetzt zu viel verraten und Geheimnisse der Hypnose preisgegeben, die man nicht öffentlich machen sollte? Oder ist es sogar so, dass mit diesem Hintergrundwissen die Fähigkeit, in Trance einzusteigen, verhindert wird? Nein, keineswegs. Auch wenn Sie noch so viel über Hypnose wissen, die Trancefähigkeit verringert sich dadurch um keinen Deut. Meistens ist sogar das Gegenteil der Fall, dass mehr Wissen um die Hypnose den Einstieg in die Trance erleichtert. Vielleicht dienen die ausführlichen Erklärungen zur Hypnose ja auch dazu, Sie durch eingestreute Suggestionen noch empfänglicher dafür zu machen? Vielleicht haben Sie sich beim Lesen der Zeilen gedacht, wie phantastisch das alles klingt, und sind neugierig geworden. Und diese Neugierde und Offenheit ist bereits eine ausgezeichnete Voraussetzung für einen ersten Hypnose-Versuch.

Neugierde und Offenheit sind gute Voraussetzungen für einen Hypnose-Versuch.

Die typischen Merkmale eines Trancezustandes sind:

- subjektive Zeitverzerrung (z.B. werden 20 Minuten wie 10 Minuten wahrgenommen)
- Sprechfaulheit (es fällt schwer zu sprechen und auf Fragen des Hypnotiseurs zu antworten)
- Veränderung der Körperwahrnehmung (z.B. schwebendes Gefühl der Hände)
- gefühlsmäßig leichter, losgelöster Zustand
- erhöhte Suggestibilität
- veränderte Sinneseindrücke
- Dissoziation verschiedener Erlebnisse (z.B. Abkoppelung einer Schmerzempfindung)
- Entspannung der Körperfunktionen (verlangsamter Atem, Muskelentspannung, Puls- und Blutdrucksenkung etc.)

Die Trancearbeit

Der Einstieg in die Trance ist auch ohne Weiterführung eine eindrucksvolle und angenehme Erfahrung. Durch die Fokussierung der Aufmerksamkeit werden negatives Denken, Grübeln und Gedankenkreisen unterbrochen. Es kommt zum Nichtdenken: einfach nur wahrnehmen, was sich ereignet und verändert. Dabei geschieht alles wie von selbst, eines ergibt das andere.

Diese Effekte sind bereits bei der Tranceinduktion vorhanden, obwohl diese nur das Vehikel dazu darstellt, in einen Trancezustand zu kommen. Der eigentliche therapeutische Effekt kommt erst danach. In welche Richtung dieser gelenkt wird, hängt von der Zielsetzung ab. Es kann eine Tiefenentspannung sein, die Aktivierung von Ressourcen, eine Fokussierung auf ein Ziel oder die Bearbeitung von Symptomen und Konflikten. Hypnose geht dabei sehr unterschiedliche Wege, die individuell angepasst werden. Der Hypnotiseur gibt nur ein grobes Drehbuch vor, der Verlauf entwickelt sich durch die Interaktion mit dem Patienten/Klienten. Der Hypnotiseur kann nicht vorab wissen, wie eine Person reagiert, welche Veränderungen entstehen oder wie etwas wahrgenommen wird. Er kann sich nur auf die Erlebniswelt einlassen und den Prozess begleiten, ihn dorthin lenken, wo die Ziele am besten erreicht werden können [33].

Nichtdenken – nur wahrnehmen

Trancen im Alltag

Trancephänomene sind nichts Ungewöhnliches, sondern treten im Alltag jedes Menschen immer wieder auf. Bei Kindern, anders als bei Erwachsenen, kann der Wechsel zwischen Wachbewusstsein und Trance sehr rasch eintreten. In einem Augenblick sind sie im Wachbewusstsein und unterhalten sich mit den Eltern über den Kindergarten oder die Schule, im anderen Augenblick befinden sie sich in einem Trancezustand und sind vollkommen in eine Tätigkeit oder in Gedanken versunken. Das ist auch der Grund dafür, dass Kinder Geschichten so lieben. Sie können vollkommen natürlich in die Geschichte eintauchen, werden ein Teil von ihr und vergessen alles rundherum. Das kommt Ihnen bekannt vor? Dann haben Sie sich diese Fähigkeit bewahrt, vielleicht beim Buchlesen, bei einem spannenden Film oder beim Sport. Immer dann, wenn Sie das Zeitgefühl verlieren, wenn Sie ganz versunken sind in eine Tätigkeit, dann ist wahrscheinlich ein Trancezustand vorhanden.

Trance als Schutzfunktion bei Belastungen

In eine Trance einzusteigen hat auch eine Schutzfunktion, wenn die Psyche überlastet ist. Eine Situation kann dermaßen überfordern, dass die bewusste Verarbeitung aktuell nicht möglich und auch nicht sinnvoll ist. Die Trance schützt in solchen Fällen vor mentaler Überlastung, die einen Zusammenbruch von Psyche und Körper hervorrufen könnte. Dies geschieht zum Beispiel beim Verlust von nahestehenden Personen. Wenn ein geliebter Mensch plötzlich verstirbt, kann ein Schockzustand eintreten, der im Allgemeinen mit einer Trance einhergeht. Das ist ein Gefühl von emotionaler Taubheit, bei dem alles wie in einem Film abläuft. Die Angehörigen wirken dann von außen eigenartig „unbeteiligt", was in gewisser Weise auch zutrifft. Die emotionale Distanzierung hilft ihnen dabei, zu funktionieren und die belastende Situation bestmöglich durchzustehen. Dieser Schutz erweist sich für eine bestimmte Zeit als sinnvoll. Danach ist es aber wichtig, dass die Belastung verarbeitet wird und die bewusste Auseinandersetzung mit der Situation stattfindet. Wann das der Fall ist, nach einigen Wochen oder Monaten, hängt von den individuellen Umständen ab. Wenn nach mehr als sechs Monaten die Belastung noch immer so schmerzt, als sei es gestern gewesen, und weiterhin die Distanzierung durch die Trance anhält, dann ist zu überlegen, ob eine psychologische Unterstützung zur Verarbeitung sinnvoll wäre.

Aber auch bei nicht so gravierenden Belastungen, sondern alltäglichen Stresssituationen, können Trancezustände auftreten. Bei manchen genügt schon die Überforderung im Beruf, um plötzlich nicht mehr bei der Sache zu sein, sondern für einige Sekunden oder Minuten „wegzudriften". Auch hier schützt das Unbewusste

Trance als Schutz vor mentaler Überlastung

vor Überlastung, so als würde das System kurz heruntergefahren und wieder neu gestartet. Das ist durchaus mit einem Computer vergleichbar, der durch zu viele laufende Prozesse überlastet ist. Ein Neustart verbessert die Leistungsfähigkeit meistens deutlich.

Wie manipulierbar ist der Mensch durch Hypnose?

Es ranken sich verschiedene Mythen um die Hypnose. Der wichtigste davon besteht in der Sorge, dass man während einer Hypnose vollständig manipulierbar ist. Das wird geschürt durch Kriminalfilme und Thriller, in denen der Hypnotiseur einen posthypnotischen Auftrag gibt und der hypnotisierte Mensch dann beispielsweise eine Bank überfällt. In einem der aktuelleren Filme, „Inception" mit Leonardo Di Caprio aus dem Jahr 2010, geht es darum, dass über Traum-Sharing in die Träume anderer Menschen eingestiegen werden kann, um dadurch das Unterbewusste zu manipulieren. Dies geschieht einerseits über „Extraction", das Stehlen wertvoller Informationen aus dem Unterbewussten, und andererseits auch über „Inception", die Eingabe neuer Gedanken. Interessant ist die Verschachtelung der Traumebenen und des Traumes im Traum, die der Film meisterhaft umsetzt. Sie bewirkt eine zunehmende Verwirrung der zu manipulierenden Person und ermöglicht die Manipulation und Eingabe bestimmter Gedanken und Überzeugungen („Inception").

Traum-Sharing als Möglichkeit das Unterbewusste zu manipulieren?

Auch wenn die (fiktive) Methode des Traum-Sharing nicht mit Hypnose und Trance identisch ist, so gibt es doch bemerkenswerte Ähnlichkeiten. Auch bei der Hypnose und dem Trancezustand geht es um die Beeinflussung des Unbewussten: Einerseits werden verdrängte Inhalte zugänglich gemacht, wie dies bei Traumata der Fall ist. Das entspricht ungefähr der „Extraction". Andererseits – und das ist der wichtigere Ansatz der Hypnose – erfolgt die Verankerung bestimmter Gedanken, Einstellungen und Gefühle im Unbewussten, vergleichbar der „Inception". In Hypnose sind somit bemerkenswerte Veränderungen möglich und auch das Prinzip des Traums im Traum wendet die Hypnose durch die Verschachtelung verschiedener Inhalte und Geschichten mitunter an.

Veränderungen anregen und damit Probleme lösen

Im Unterschied zu Thrillern geht es dem Hypnotiseur aber nicht darum, eine Person zu kontrollieren oder ihr gar Schaden zuzufügen, sondern im Gegenteil, zu unterstützen und zu helfen. Die häufig vorgebrachte Sorge, die Kontrolle vollständig zu verlieren, ist nicht begründet. Während der Hypnose behält die Person im Allgemeinen das volle Bewusstsein darüber, was gesprochen wird. Meistens befindet sich die Person in einer seichten bis mittleren Trancetiefe. Diese ist geeignet, bestimmte Veränderungsprozesse anzuregen und der Lösung von Problemen näherzukommen. Auf der bewussten Ebene (im Wachbewusstsein) sind häufig Blockaden vorhanden, die schwer überwindbar scheinen. Werden diese Blockaden auf der bewussten Ebene umgangen, nämlich durch die direkte Ansprache des Unbewussten, stellen sich oft erstaunlich schnell Veränderungen ein, die zu einer Reduktion der Beschwerden und zu einer Verbesserung des Wohlbefindens führen. Tiefe Trancen eignen sich eher zur Bewältigung von traumatischen Erlebnissen.

„Die Ressourcen und Lösungen sind in jeder Person bereits vorhanden."

Die Grundannahme der Hypnose lautet, dass die Ressourcen und Lösungswege bereits in jeder Person vorhanden sind, allerdings nicht immer zugänglich. Der Trancezustand soll genau diesen Zugang erwirken und die Ressourcen aktivieren. Hypnose kann also bestimmte Gedanken und Erlebnisse aktivieren, es ist ihr jedoch nicht möglich, beliebige neue Gedanken „einzupflanzen". Im Unbewussten gibt es einen Wächter, eine Instanz, die auch im nicht bewussten Zustand neue Informationen testet und prüft, ob diese mit den Werten der Person vereinbar sind. Es bleibt somit den Thrillern vorbehalten, einen posthypnotischen Auftrag zum Überfall einer Bank zu erteilen.

Kann ich im Trancezustand hängen bleiben?

Die Angst, im Trancezustand hängen zu bleiben, in einem Zwischenzustand zwischen Wachzustand und Schlaf, wird bei Hypnose-Sitzungen immer wieder angesprochen. Diese Sorge hängt auch mit der Vorstellung der Fremdsteuerung, dass der Hypnotiseur vollkommene Macht über eine hypnotisierte Person hat, zusammen. So wie das Ausgeliefertsein ein Mythos ist, so erweist sich auch die Angst vor einem Steckenbleiben im Trancezustand als unbegründet. Selbst wenn der Hypnotiseur während einer Sitzung durch einen Zwischenfall die Praxis schnell verlassen muss und den Patienten/Klienten vergisst, verbleibt dieser dennoch nicht für immer im Trancezustand. Therapeutische Trancen sind normalerweise nicht so tief, dass die Person komplett versinkt und nichts mehr in der Umgebung wahrnimmt. Üblicherweise führen deutliche Veränderungen in der Umgebung – wie das Aufspringen des Hypnotiseurs – zu einer Unterbrechung der Trance. Selbst wenn der Hypnotiseur sich auf Samtpfoten aus dem Raum bewegt, bleibt der Patient/Klient nur für eine gewisse Zeit in der Trance, bis er wieder daraus erwacht. Das ist ähnlich einem Kurzschlaf, aus dem man üblicherweise nach 30 bis 45 Minuten von selbst wieder aufwacht.

Hypnose und Achtsamkeit:
Auf unterschiedlichen Wegen zum Nichtdenken

Hypnose und Achtsamkeit sind vollkommen unterschiedliche Wege, um den Kopf frei zu machen, beziehungsweise mit positiven Inhalten zu füllen und Ressourcen zu aktivieren. Und gerade deshalb ist eine Kombination von beiden sowohl in der psychologischen Praxis als auch als Selbstmanagement-Strategie äußerst interessant [15]. An dieser Stelle möchte ich einige wichtige Unterscheidungen herausgreifen.

Selbstmanagement-Strategie

Zunächst fällt auf, dass Achtsamkeit das Ziel hat, kein Ziel zu haben, nicht zu müssen, nichts zu wollen. Bei Hypnose ist das

Hypnose

grundsätzlich anders. Hypnose wird ziel- und lösungsorientiert eingesetzt. Das Ziel kann die Reduktion von Schmerzen sein, die Herstellung von Wohlbefinden oder die Motivation für eine wichtige Aufgabe.

Achtsamkeit

Achtsamkeit ist die vollkommene Aufmerksamkeit im gegenwärtigen Moment. Bei hypnotischer Trance kann die Aufmerksamkeit im Augenblick sein, häufig befindet sich der Geist jedoch auf Reisen, in der Vergangenheit (Zeitregression) oder in der Zukunft (Zeitprogression). Die Regression wird zum Beispiel zur Bewältigung traumatischer Erlebnisse benutzt, die Zeitprogression für die Suche nach Lösungen oder zur Förderung der Annäherungsmotivation.

Bei Achtsamkeit soll ohne zu bewerten wahrgenommen werden, ohne zu handeln oder zu reagieren. Hypnose wird hingegen besonders zur Veränderung von bestimmten Zuständen verwendet: um depressive Stimmungen durch Ressourcenaktivierung zu unterbrechen, Ängste zu überwinden oder psychosomatische Beschwerden zu transformieren. Dabei erfolgt häufig der Einsatz einer gezielten Dissoziation, eine Abspaltung von Bewusstseinsinhalten, die sich besonders bei der Behandlung traumatischer Erlebnisse als wirkungsvoll erweist. Und doch können Ressourcenaktivierung und die Überwindung von Ängsten oder psychosomatischen Beschwerden auch durch Achtsamkeitsübungen erreicht werden. Als ein Beispiel dafür dient die 5-4-3-2-1-Methode, die ich weiter oben beschrieben habe (siehe S. 70). Wenn die Aufmerksamkeit im Sinne der Achtsamkeit auf bestimmte Sinne fokussiert ist, dann werden automatisch andere Reize und Informationen ausgeblendet, wie auch Symptome und Beschwerden. Eine andere Variante der Achtsamkeit – die Aufmerksamkeitslenkung auf die Beschwerden – führt durch die Entkoppelung von Erleben und Bewerten („Die Schmerzen sind fürchterlich") ebenfalls zu einer Reduktion der Beeinträchtigung.

Einer der Gründe, Achtsamkeit zu erlernen, ist das Bedürfnis, den Kopf frei zu machen, nicht zu denken. Dies kann mit verschiedenen Achtsamkeitsübungen auch vortrefflich erreicht werden. Bei der Hypnose wird hingegen der Geist gefüllt, allerdings mit anderen Inhalten als im Wachbewusstsein. Durch die Arbeit mit dem Unbewussten werden Prozesse genutzt und angeregt, die keiner Anstrengung bedürfen. Die Erlebnisse geschehen „wie von selbst", ohne Anstrengung und bewusste Steuerung. Es wird im Allgemeinen sehr angenehm und wohltuend erlebt, sich treiben zu lassen und den unbewussten Anteilen der Psyche die Kontrolle zu überlassen. Nach einer Hypnose-Sitzung fühlen sich die Patienten/Klienten meistens erholt wie nach einem kurzen Schlaf.

Hypnose und Achtsamkeit

Kernpunkte hypnotischer Zustände:

- Einengung der Aufmerksamkeit und Dissoziation (Abspaltung psychischer Inhalte)
- ziel- und lösungsorientiert
- automatische Prozesse werden gefördert und genutzt
- überwiegend vom Hypnotiseur gestaltet und gelenkt
- Zeitreisen in die Vergangenheit (Zeitregression) und Zukunft (Zeitprogression)

Kernpunkte der Achtsamkeit:

- Aufmerksamkeit im gegenwärtigen Augenblick
- akzeptierende, nicht bewertende Grundhaltung
- neugierige und offene Haltung
- reines Beobachten, Abstand zu Gedanken, Gefühlen und Impulsen
- automatische Prozesse werden durchbrochen (deautomatisiert)
- ohne reagieren oder handeln zu müssen

Neurofeedback:
Dem Gehirn beim Denken und Nichtdenken zusehen

Der Blick in unser eigenes Gehirn

Neurofeedback ist eine Computer-Mensch-Schnittstelle, die es ermöglicht, die Gehirnwellen – das EEG – zu messen, sichtbar und hörbar zu machen und dadurch zu lernen, die **Gehirnwellen gezielt** zu **beeinflussen** [8; 39]. Es ist ein Blick in unser eigenes Gehirn. Wir können damit unserer Gehirnaktivität beim Denken und beim Entspannen zusehen. Das erlaubt eine Analyse der Funktionsfähigkeit des Gehirns beziehungsweise möglicher Fehlfunktionen. So kann es sein, dass das Gehirn zu hochtourig läuft, wie dies bei einem Auto der Fall ist, wenn sich die Drehzahl im roten Bereich befindet. Oder es besteht die Möglichkeit, dass das Gehirn untertourig arbeitet, was beim Auto der Fall ist, wenn mit einem zu hohen Gang gefahren wird. Beispiele für ein zu „hochtouriges Gehirn" sind die heiße Phase eines Burnout, Schlafbeschwerden und Ängste. Ein „untertouriges Gehirn" zeigt sich beispielsweise bei Er-

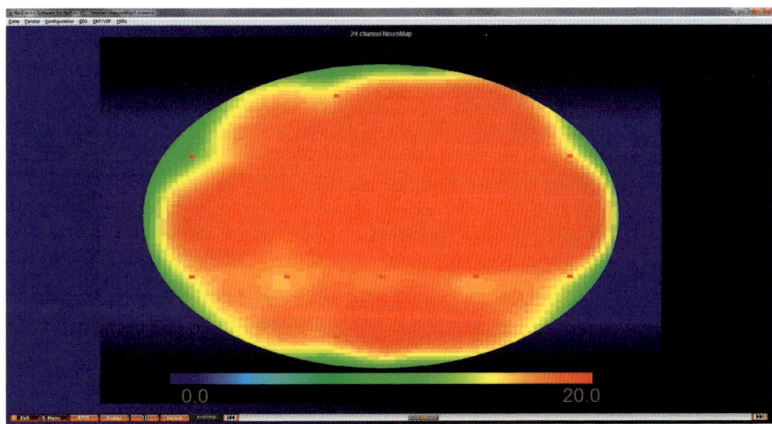

Ein Gehirn auf Hochtouren (Brain-mapping; NeXus-32 System der Firma Mind Media). Es ist viel Aktivität im gesamten Gehirn vorhanden.

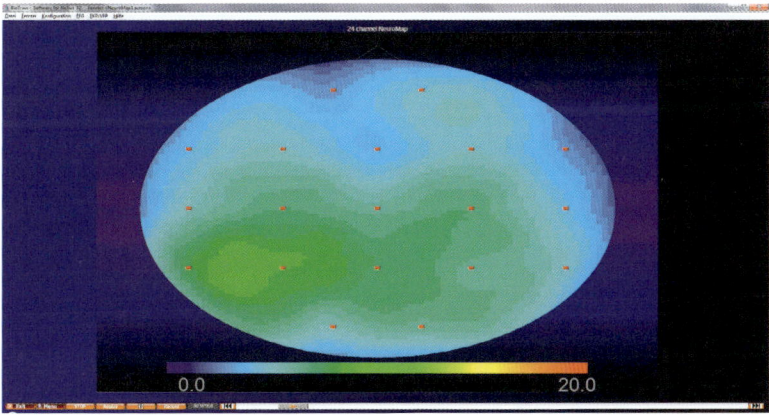

Ein Gehirn im Sleep-Modus (Brain-mapping; NeXus-32 System der Firma Mind Media).
Es ist wenig Aktivität im Gehirn vorhanden.

schöpfung, Depression, Tagträumen sowie bei ADS (Aufmerksamkeitsdefizit-Syndrom). Auf dieser Analyse aufbauend ermöglicht
Neurofeedback die gezielte Beeinflussung der Gehirnwellen und
damit des Erlebens und Denkens. Ein „hochtouriges Gehirn" kann
gezielt herabgebremst werden, ein „untertouriges Gehirn", das aus
dem „Sleep-Modus" nicht herauskommt, kann auf (moderate) Tou-   **Selbstkontrolle**
ren gebracht werden. Und das alles funktioniert durch Selbstkon-
trolle, durch die **Kraft der eigenen Gedanken.**

> ## *Was unser Gehirn mit einem Rallye-Auto gemeinsam hat*
>
> Wenn es um die Funktionsfähigkeit unseres Gehirns geht, bietet sich als Metapher
> ein Rallye-Auto an. Bei einem Rallye-Auto geht es darum, dass der Fahrer in jedem
> Moment genau jenen Gang einlegt, der für die momentane Geschwindigkeit gerade er-
> forderlich ist. Bei geraden Strecken mit ordentlicher Sicht kann ganz hinaufgeschaltet
> werden, damit das Auto so richtig auf Touren kommt. Bei kniffligen Trial-Passagen muss
> wieder ganz heruntergeschaltet werden, um die Schikanen gekonnt zu bewältigen. Es

braucht beides, hohe Gänge für Speed und niedrige Gänge für Geschicklichkeit. Und natürlich auch Pausen und einen fachgerechten Service, damit das Auto möglichst lange leistungsfähig bleibt. Ganz ähnlich ist es mit unserem Gehirn. Wir sind immer wieder gefordert, müssen (sollen) so richtig Gas geben, um die an uns gestellten Aufgaben möglichst gut zu bewältigen. Dafür muss unser Gehirn „in die Gänge kommen", muss hochschalten können auf eine raschere Geschwindigkeit. Im Gehirn entspricht das den schnellen Beta-Wellen. Dann gibt es aber auch die ruhigen Momente, wenn es um Regeneration geht. Das kann am Abend sein, vor dem Schlafengehen, am Wochenende, im Urlaub und auch in den Pausen tagsüber. In diesen Phasen ist ein „herunterschalten" auf niedrigere Gänge wichtig. Das entspricht den langsamen Wellen wie Theta und Alpha. Nur wenn es gelingt, zwischen diesen verschiedenen Gängen (Gehirnwellen) gezielt hin- und herzuschalten, sind wir in unserem optimalen Leistungs- und Erholungsbereich. Genauso wie beim Rallyefahren muss dies allerdings gelernt werden, es ist einem nicht in die Wiege gelegt. Die Methode des Neurofeedback hilft dabei, dieses bewusste Schalten zwischen den Gehirnwellen zu lernen.

Die Bedeutung der Gehirnwellen

Alpha-Aktivität
Beta-Aktivität

Im **EEG (Elektroencephalogramm)** kann jedes Muster einem bestimmten mentalen Zustand zugewiesen werden. So entspricht beispielsweise die Alpha-Aktivität einem entspannten Wachzustand und die Beta-Aktivität der Konzentration. Unser Gehirn ist ein hochkomplexes System, vielfach komplexer als der modernste Computer. Die Nervenzellaktivität des Gehirns produziert elektrische Signale, die im Vergleich zu anderen Körpersignalen sehr klein sind. Mittels EEG können sie jedoch gemessen werden. Das erfordert eine spezielle Verstärkung und Aufbereitung. Erstmals gelang diese Messung Hans Berger, deutscher Neurologe und Psychiater, im Jahr 1924, als er den Alpha-Rhythmus aufzeichnen konnte.

Seitdem ist das EEG eine der zentralen Messmethoden der Medizin, Psychologie und der Neurowissenschaften.

Bereits in den 1960er Jahren gab es die ersten erfolgreichen Experimente zur bewussten Kontrolle sowohl von Körperfunktionen als auch der Gehirnwellen. Die Methode zur Beeinflussung des Körpers über die Rückmeldung der Körpersignale wird Biofeedback genannt (**Bio = Körper; Feedback = Rückmeldung**). Die Selbstkontrolle der Gehirnwellen bezeichnet man als EEG-Biofeedback oder kurz Neurofeedback [8; 34].

Die Gehirnwellen und ihre Bedeutung

Die Wellen des EEG werden nach ihrer Form und Geschwindigkeit beschrieben. Zu den langsamen Wellen zählen Delta, Theta und Alpha, zu den schnellen Wellen SMR, Beta, High Beta und Gamma. Sie kennzeichnen jeweils bestimmte Zustände des Gehirns [8; 39]:

- **Delta** (0,5–4 Hz): Schlafzustand, Trance

- **Theta** (4–8 Hz): Dösen, tiefe Entspannung, Tagträumen, Trance, Gedankenabdriften, aber auch Kreativität und bestimmte Gedächtnisprozesse

- **Alpha** (8–12 Hz): entspannter Wachzustand, passive Aufnahme von äußeren Informationen (ohne Bewertung), nach innen gerichtete Aufmerksamkeit, Meditation

- **SMR** (12–15 Hz): Wachheit, entspannte, nach außen gerichtete Aufmerksamkeit, motorische Ruhe (SMR wird nur im sensomotorischen Cortex gemessen, es ist der untere Teil der Beta-Wellen)

- **Beta** (13–21 Hz): Konzentration, Aufmerksamkeitsfokussierung, anhaltende Aufmerksamkeit

- **High Beta** (21–32 Hz): übermäßige Aktivierung, Unruhe, Sorgen, Grübeln, Stress, Ängstlichkeit („busy brain")

- **Gamma** (20–70 Hz, überwiegend 38–45 Hz): starke Konzentration, bestimmte meditative Zustände, anspruchsvolle Tätigkeiten mit hohem Informationsfluss

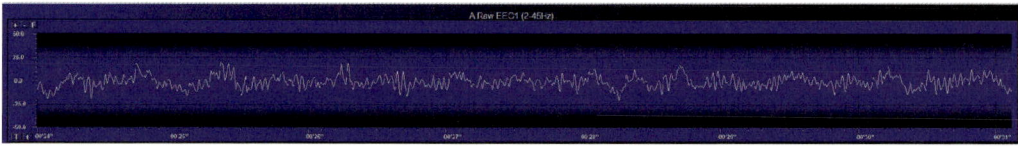

Das Elektroencephalogramm (EEG) mit einem Kanal gemessen

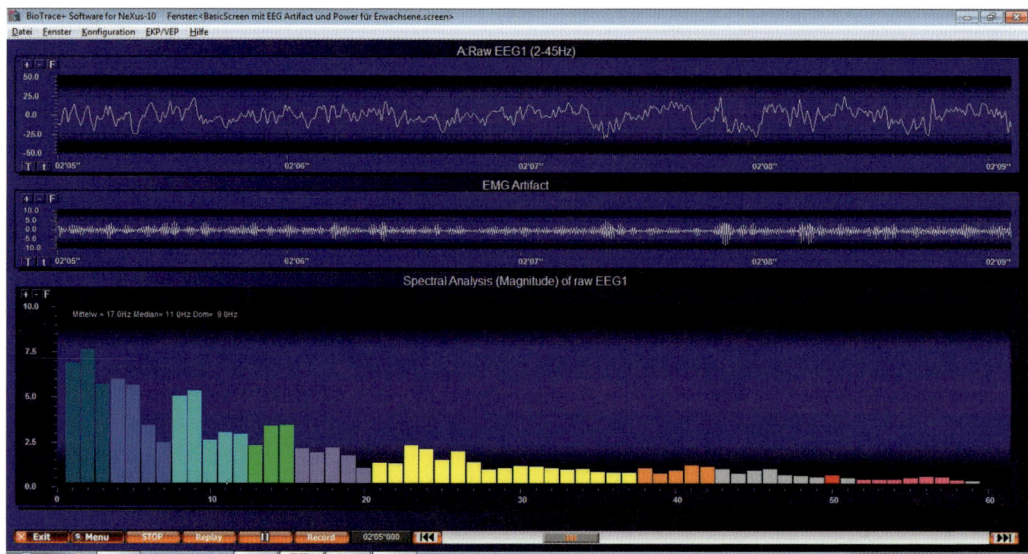

Die verschiedenen Gehirnwellen in der Frequenzanalyse:
Von links nach rechts: Delta (0–4 Hz), Theta (4–8 Hz), Alpha (8–12 Hz), SMR (12–15 Hz),
Beta (15–21 Hz), HiBeta (21–38 Hz), Gamma (38–42 Hz). Die Wellen ganz rechts
(ab 42 Hz) werden für die Kontrolle der korrekten Messung verwendet.
Frequenzspektrum in Herz (Hz), Schwingungen pro Sekunde

Die Neurofeedback-Analyse

Die Neurofeedback-Analyse ermöglicht eine Bestandsaufnahme
der Funktion des Gehirns. Das Gehirn wird beim Arbeiten und
Entspannen beobachtet, um festzustellen, wann und in welchen
Gehirnbereichen das Gehirn normal funktioniert und wo es Fehlfunktionen gibt. Wie bei der Rallye-Metapher (S. 103 f.) kann somit

analysiert werden, ob das Schalten in die verschiedenen Gänge (Wellen) reibungslos verläuft oder ob es „Schaltfehler" gibt. Damit es nicht zu theoretisch bleibt, soll das folgende Fallbeispiel das Vorgehen anschaulich beschreiben.

Neurofeedback – Fallbeispiel Herr Schnell

Herr Schnell arbeitet im mittleren Management eines Wirtschaftsunternehmens. Er wurde vor geraumer Zeit zum Leiter einer größeren Region mit 200 Mitarbeitern befördert. Er hat laut eigener Beschreibung schon immer sehr schnell gearbeitet und führt auch häufig verschiedene Tätigkeiten parallel aus. Das hat sich mit seinem neuen Job noch weiter zugespitzt und er merkte, dass er zunehmend gestresst und belastet war. Angesichts der schwierigen wirtschaftlichen Zeiten scheint das nicht verwunderlich. Die Finanzkrise hatte auch das Unternehmen von Herrn Schnell nicht verschont. Es musste restrukturiert werden und noch immer stand nicht fest, ob alle Mitarbeiter gehalten werden konnten. Die bereits hohen Anforderungen bei normaler Wirtschaftslage hatten sich noch dramatisch gesteigert. Überdies fühlte sich Herr Schnell für seine Mitarbeiter verantwortlich, Mitarbeiter, die er bereits bis zu 15 Jahre lang kannte. Insofern handelte es sich um eine doppelt schwierige Position, wenn es darum ging, das Unternehmen wirtschaftlich zu führen und auch die Situation der Mitarbeiter nicht zu vergessen.

So wundert es nicht, dass er seit längerem nicht mehr so gut schlafen konnte. Das begann schon am Abend, wenn er vor lauter Grübeln über die Arbeit bis zu zwei Stunden benötigte, um einzuschlafen. Und auch in der Nacht wurde er öfter munter, lag dann wach und konnte nicht mehr gut einschlafen. Erstaunlicherweise war er am Morgen dennoch nicht müde und abgeschlagen. Im Gegenteil, er macht die Augen auf und hatte das Gefühl, dass sein Kopf „auf 100" sei, voll von Gedanken an die Arbeit, was zu erledigen war und welche Termine warteten. Das ging den Tag über so weiter, immer angefüllt mit Gedanken, auch in den Pausen, die aber spärlich

gesät waren. Er stand von der ersten Minute am Morgen bis zur letzten Minute vor dem Einschlafen „unter Strom". Und er merkte, dass dies zunehmend belastend wurde und die Energie langsam zur Neige ging. Er hatte auch Probleme sich zu konzentrieren, er merkte, wie er immer wieder geistig abdriftete und Schwierigkeiten hatte, bei der Sache zu bleiben.

Analyse → maß- geschneiderter Therapieplan

Was war zu tun? Die Situation von Herrn Schnell erforderte zunächst eine sorgfältige Analyse mit psychologischer Diagnostik der Beschwerden (Burnout-Risiko, Schlafbeschwerden), der Arbeitssituation und der Work-Life-Balance. Aufbauend auf dieser Analyse konnte dann ein maßgeschneiderter Therapieplan erstellt werden.

In unserem Fall beinhaltete dieser die Kombination von psychologischer Therapie und Coaching auf der Ebene der Einzelperson und eine Organisationsentwicklung (organisationspsychologische Maßnahmen) für das Unternehmen. Wie stand es aber um das Hauptproblem von Herrn Schnell, der Hochspannung im Gehirn und das permanente Denken und Grübeln? Das konnte natürlich durch praktische Ansätze zur Problemlösung im Unternehmen (Organisationsentwicklung), durch ein verändertes Arbeitsverhalten und gezielte Erholung verbessert werden. Besonders Maßnahmen zur Verbesserung der Arbeitsbedingungen (der „Verhältnisse"), wie sie die Organisationspsychologie entwickelt, sind außerordentlich gut geeignet, um die Belastungen der Menschen im Unternehmen – Führungskräfte und Mitarbeiter – zu minimieren. Wenn es gelingt, den Stress und die Belastungen an den Ursachen abzufangen, dann ist eine enorme positive Hebelwirkung vorhanden. Im Unternehmen von Herrn Schnell wurden diese Maßnahmen tatsächlich umgesetzt, mit dem „Nebeneffekt", dass sich die Effizienz der Arbeitsabläufe deutlich gesteigert hat. Aus Sicht der Unternehmensleitung ist das freilich das Hauptziel, wenn ein Organisationspsychologe engagiert wird.

Doch zurück zu Herrn Schnell. Er merkte, dass sowohl die Maßnahmen im Unternehmen als auch die veränderte Work-Life-Balance eine Besserung bewirkten, aber auch, dass dies noch zu wenig war. Die Neurowissenschaften liefern dafür eine Erklärung: Wenn sich das Gehirn „daran gewöhnt hat", zu grübeln und im Kreis zu denken, dann entwickelt sich das häufig zu einem Selbstläufer und hält sich selbst aufrecht. Das Grübeln wird dann gebahnt und eingeschliffen. Um das Gehirn wieder in Ruhe zu bringen, das System „herunterzufahren", sind deshalb direkte Ansätze notwendig. Einer davon ist das Neurofeedback.

Sehen wir uns zunächst die Neurofeedback-Analyse von Herrn Schnell an. Über mehrere Elektroden an der Kopfhaut können die Gehirnwellen in verschiedenen Hirnregionen gemessen werden, sowohl in Ruhe als auch bei mentaler Anspannung und Konzen-

**Analyse im
Ruhezustand**

tration. In unserem Beispiel ergab die Analyse im Ruhezustand ein außerordentlich „hochtouriges" Gehirn. Es überwogen die High-Beta-Wellen (21–30 Hz), besonders im präfrontalen Cortex (vorderer Teil des Gehirns), der für Konzentration, Problemlösung und Handlungsplanung zuständig ist. Gleichzeitig gab es eine Verschiebung der Wellenverteilung. Im „normalen" Gehirn nehmen Alpha-Wellen von der Stirn bis zum Hinterkopf (anterior zu posterior) zu, gleichzeitig nehmen Beta-Wellen ab [8]. Bei Herrn Schnell war das aber verschoben: Die Beta-Wellen nahmen zu und Alpha-Wellen waren vorne und hinten gleich verteilt. Auch das belegte, dass der Ruhemodus nicht funktionierte und zu viel Denken „im Hinterkopf" vorhanden war. Soweit passte die EEG-Analyse mit den Beschreibungen von „immer denken, grübeln, nicht abschalten können" zusammen.

**EEG-Messung
während einer
mentalen Aufgabe**

Was ist aber mit den Konzentrationsbeschwerden? Um dies zu testen, war die EEG-Messung während einer mentalen Aufgabe notwendig. Herr Schnell unterzog sich dafür einem Intelligenztest am PC, bei dem schnelle und komplexe Entscheidungen getroffen werden mussten. Dadurch sollte der Arbeitsalltag simuliert werden. Die Beobachtung des EEG während des Tests ergab ein typisches Muster eines ineffizient arbeitenden Gehirns. Die Gehirnaktivität pendelte zwischen High-Beta-Wellen und Theta-Wellen, was bedeutet, dass das Gehirn zunächst zu hochtourig läuft und dann in zu langsame Wellen abdriftet. Es schien, als würde das Gehirn durch die zu hohe Geschwindigkeit überlastet und erschöpft, um sich dann „auszuklinken" und damit eine weitere Überlastung zu verhindern. Dem folgte eine Willens- und Kraftanstrengung („Ich muss mich anstrengen", „Reiß dich zusammen"), die wiederum in die Überlastung (High Beta) führte. Das Testergebnis passte perfekt zu diesem Gehirnwellenmuster. Die Gesamtleistung war unterdurchschnittlich, mit einem zwar durchschnittlichen Arbeitstempo, aber einer zu hohen Fehlerquote. Bei genauerer Analyse konnte auch festgestellt werden, dass die Leistung sehr schwankend ausfiel und immer wieder Phasen auftraten, die einem „Blackout" ähnelten. Herr Schnell gab auch an, dass er „enorm unter Strom" gestanden habe, dass er sich anstrengen musste und dann aber auch „komplett weg" war und Schwierigkeiten hatte, sich wieder zu konzentrieren.

Die Neurofeedback-Analyse passte somit sehr gut zur subjektiven Beschreibung von Herrn Schnell und den Problemen am Arbeitsplatz. Worin bestand die Lösung? Das Ziel von Neurofeedback bei dieser Ausgangslage war die Reduktion der zu schnellen Wellen (High Beta) und die Normalisierung der Verteilung im Gehirn (mehr Alpha und weniger Beta im Hinterkopf). Der Ablauf der Neurofeedback-Therapie wird im folgenden Abschnitt vorgestellt.

Neurofeedback-Therapie

Durch die Neurofeedback-Therapie werden die **Gehirnwellen gezielt beeinflusst und verändert.** Manche Wellen werden erhöht und andere reduziert. Die Gehirnwellen sind nicht in „gut" oder „schlecht" einzuteilen. Jeder Frequenzbereich des EEG, von Delta bis Beta, hat eine bestimmte Funktion, die zu einer bestimmten Zeit wichtig ist. Auch wenn Theta-Wellen während einer Konzentrationsaufgabe ungünstig sind, so haben sie doch ihre positive Bedeutung für den Übergang zum Schlaf oder für kreative Prozesse. Alpha-Wellen sind ausgezeichnet bei Meditationszuständen, wären aber unpassend, wenn wir mit dem Auto während der Rushhour in einer Großstadt unterwegs sind. Und auch High-Beta-Wellen, die sehr schnellen Wellen im Gehirn, können für uns ein Warnsignal sein, dass wir gerade dabei sind zu überlasten und dass es wichtig ist gegenzusteuern.

Und um es noch etwas komplexer zu machen: Jeder Gehirnbereich hat eine andere Aufgabe und braucht in bestimmten Situationen bestimmte Gehirnwellen. In der folgenden Abbildung (S. 112) sehen Sie eine vereinfachte Darstellung der verschiedenen Aufgaben im Gehirn.

Die Funktionen des Gehirns (Cortex), vereinfachte Darstellung

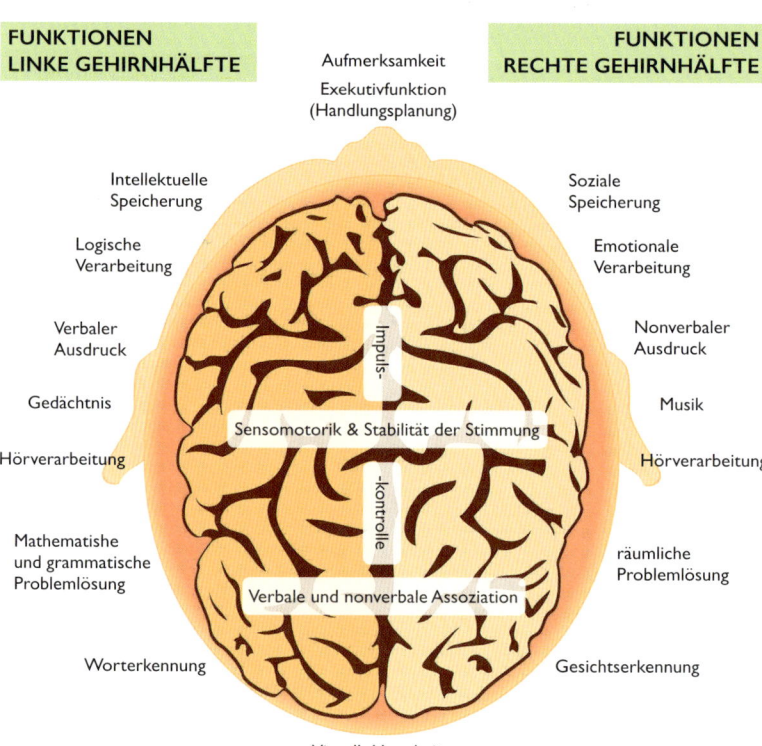

Unser Gehirn funktioniert nicht wie eine Glühbirne (oder neuerdings Leuchtstofflampe), die einfach ein- oder ausgeschaltet wird. Während bestimmte Bereiche auf ON stehen, sind andere Bereiche im OFF-Zustand, und das ON hat wiederum verschiedene Qualitäten durch die verschiedenen Wellen (Delta, Theta, Alpha, SMR, Beta, High Beta).

Erstellung eines individuellen Therapieplans

Das alles wird bei der Erstellung eines individuellen Therapieplanes berücksichtigt. Die Neurofeedback-Therapie hängt also von der Problemstellung, der Neurofeedback-Diagnostik und der Zielsetzung ab. Der Therapieplan ist immer an die Person angepasst, da auch jeder Mensch und damit jedes Gehirn einzigartig ist.

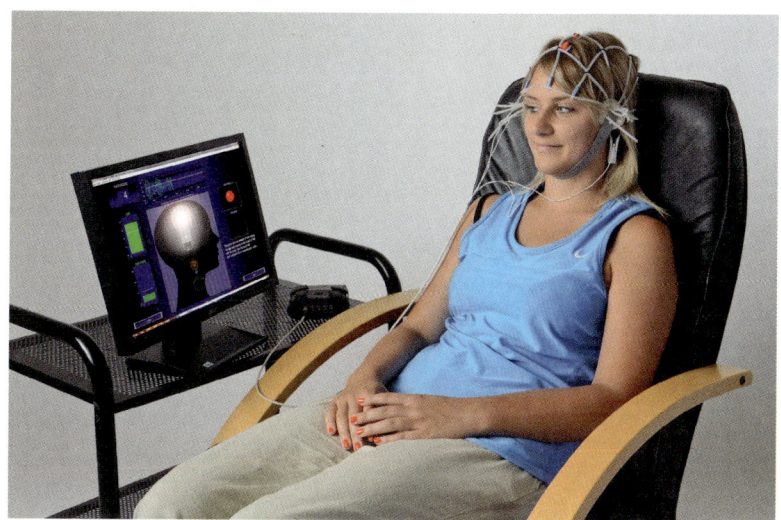

Die Neurofeedback-Therapie

Wie geht die Neurofeedback-Therapie konkret vor sich?

Beim Neurofeedback sitzt der Patient/Klient in einem bequemen Stuhl und sieht auf einen Monitor. Die Gehirnwellen werden mit EEG-Elektroden gemessen und der Monitor stellt ausgewählte Wellen (z. B. Alpha) in anschaulicher Weise dar. Das kann in Form eines Balkens sein, eines Smiley, Puzzles oder PC-Spiels. Die Animation am Monitor wird durch die aktuell gemessenen Gehirnwellen gesteuert. Die Veränderungen am Bildschirm hängen unmittelbar mit den Veränderungen im Gehirn zusammen. Wenn es zum Beispiel um einen „freien Kopf", ums Nichtdenken geht, einen Zustand, wie er bei der Achtsamkeitsmeditation angestrebt wird, so gilt es, die Alpha-Wellen zu erhöhen. Wenn das über einen Balken dargestellt ist, besteht die Aufgabe darin, den Balken größer werden zu lassen. Gelingt es der Person, gelassen zu werden und nicht zu denken, so steigt der Balken an, wenn stressreiche Gedanken auftreten, so wird der Balken ganz klein. Die Person hat somit zu jedem Zeitpunkt die sofortige Rückmeldung über die Prozesse im Gehirn. Dadurch kann sehr rasch gelernt werden, was

Veränderungen im Gehirn sind am Bildschirm sichtbar.

**bessere Selbstwahr-
nehmung**

erforderlich ist, um in den Alpha-Zustand zu kommen. Es ist auch eine Schulung der Selbsterkenntnis. Das Feedback des EEG führt zu einer besseren Selbstwahrnehmung, der Autopilot-Modus wird unterbrochen und ein bewusster, achtsamer Umgang mit dem eigenen Denken möglich.

Fallbeispiel Herr Schnell

Bei der Neurofeedback-Analyse von Herrn Schnell wurde deutlich, dass zu viele schnelle Wellen (High Beta) und eine ungünstige Verteilung der Alpha- und Beta-Wellen im Gehirn vorhanden waren. In der Neurofeedback-Therapie ging es also zunächst darum, die High-Beta-Wellen zu reduzieren und die Alpha-Wellen (besonders im Hinterkopf) zu erhöhen. Als Einstieg wurden die EEG-Wellen am Monitor erklärt und Herr Schnell machte sich damit vertraut, welche Bewusstseinszustände und welche Gedanken bestimmte Veränderungen beim EEG verursachten. Wenn er an ein Problem in der Firma dachte, stiegen die High-Beta-Wellen an, bei entspannter Bauchatmung nahmen sie etwas ab. Durch verschiedene Übungen konnte er dadurch sein Gehirn immer besser ken-

Der Neurofeedback-Therapieschirm Wasserwalze
(NeXus-10 Mark II System der Firma Mind Media)

nenlernen. Nach diesem Einstieg ging es darum, die Alpha-Wellen zu erhöhen und High-Beta-Wellen zu reduzieren. Dabei hatte er als Feedback am Monitor die Animation einer Wasserwalze, die sich drehte, wenn er in den Alpha-Zustand kam, und stoppte, wenn Beta- oder High-Beta-Wellen auftraten. Gleichzeitig konnte er durch ein meditatives tiefes Brummen (ähnlich der tibetischen Om-Musik) hören, wann er im Alpha-Zustand war.

Besonders gestressten Menschen fällt es anfangs schwer, in einen gelassenen, ruhigen Zustand zu kommen. Sie verwenden zur Erreichung des Ziels, also die Alpha-Aktivität zu erhöhen, zu Beginn häufig dieselben Strategien wie in Beruf und Alltag: Anstrengung und Krafteinsatz. Das war auch bei Herrn Schnell so. Er setzte sich unter Druck und versuchte, die Alpha-Aktivität zu erzwingen, mit dem Effekt, dass genau das Gegenteil eintrat: Die Alpha-Wellen wurden weniger und die High-Beta-Wellen stiegen an. Genau das bereitete ihm auch im Alltag Probleme. Nach einiger Zeit schaffte er es immer besser loszulassen und die Alpha-Aktivität bewusst zu steuern.

Die Übungen beim Neurofeedback wurden nach einigen Sitzungen weiter angepasst. Es ging dann darum, die Verteilung der Wellen (Alpha und Beta) im Gehirn zu „normalisieren". Das Feedback wurde auf die Rückmeldung von zwei und mehr Wellen ausgedehnt. Herr Schnell konnte dann sowohl Alpha-, Beta- als auch High-Beta-Darstellungen auf dem Bildschirm sehen. Alles zusammen steuerte verschiedene Animationen und Klänge. Das ist mit einem Armaturenbrett im Auto vergleichbar, das heutzutage eher einem Bordcomputer ähnelt. Je mehr Informationen vorhanden sind, umso besser ist der Überblick und sind die Steuerungsmöglichkeiten. Das Neurofeedback macht sich dieses Prinzip zunutze und auch Herr Schnell konnte immer besser lernen, seine Gehirnwellen zu beeinflussen.

Neurofeedback: Lernen, seine eigenen Gehirnwellen zu beeinflussen

Die gesamte Neurofeedback-Therapie dauert durchschnittlich 10–20 Einheiten. Bei Herrn Schnell waren zwölf Einheiten ausreichend, um die gewünschten Veränderungen zu erreichen. Er merkte auch die Auswirkungen im Alltag. Er konnte besser „abschalten", die Schlafqualität verbesserte sich und es gelang ihm wieder, fokussierter zu arbeiten.

Wie dauerhaft ist die Wirkung von Neurofeedback?

Im Verlauf der Therapie werden die Muster im EEG zunehmend normalisiert. Durch das wiederholte Training mit dem Neurofeedback-System und auch durch das Training ohne Gerät zu Hause kommt es zu einer neuen Bahnung im Gehirn. Das trainierte neue Muster überdeckt dann zunehmend die alten Fehlfunktionen. Somit sind die neuen Wellenmuster nicht nur während der Therapie vorhanden, sondern gehen in den Alltag über, auch wenn nicht bewusst daran gedacht wird.

„Nicht immer denken" mit Alpha-Wellen

Wenn es darum geht, den rastlosen Geist zur Ruhe zu bringen, ist das Alpha-Neurofeedback das Mittel der Wahl. Die Alpha-Aktivität entspricht einem entspannten Wachzustand, führt zu Gefühlen der Ruhe, weniger Ängstlichkeit und einer positiven Stimmung [3; 8; 39]. Das kann auch durch Achtsamkeitsmeditation erreicht werden. Was beim Neurofeedback aber noch hinzukommt, ist die Motivation durch das Feedback, dass es gelingt, das eigene Gehirn zu kontrollieren. Das wirkt sich unmittelbar auf die Selbstkompetenz aus. Bereits dadurch wird eine Veränderung im eigenen Denken erreicht. Diese Veränderung erzeugt wiederum Gefühle der Zufriedenheit, Zuversicht und dadurch auch Gelassenheit. All das ist wichtig, um weitere Veränderungsprozesse anzustoßen und eine selbstbestimmte Grundhaltung zu gewinnen [13]. Somit bietet Neurofeedback einen ausgezeichneten Start in die Lösung der Probleme, seien diese Burnout, Schlafbeschwerden, Depression oder Ängste – Probleme, die mit zu viel Denken zusammenhängen.

Motivation durch Feedback

Neurofeedback und Achtsamkeit

Achtsamkeitsmeditation lässt sich sehr gut mit Neurofeedback kombinieren. Das hat zum einen den Vorteil, dass das Erreichen eines „gedankenleeren Zustandes" mit Computerunterstützung rascher erlernt wird. Andererseits ermöglicht Neurofeedback einen Blick in das Gehirn, um zu erkennen, welche „Fehlfunktionen" vorhanden sind und welche Therapiemethoden sich am besten anbieten. Für Skeptiker, die zunächst mit Achtsamkeitsmeditation nicht so viel anfangen können, ist es außerdem ein guter Einstieg, da die EEG-Messungen des Neurofeedbacks schwarz auf weiß zeigen, wie das Gehirn funktioniert. Das bedeutet nicht, dass wir über das EEG eine vollständige Abbildung der Vorgänge im Gehirn haben oder gar Gedanken lesen können. Davon sind wir heute noch einiges entfernt. Aber auch wenn das EEG derzeit nur eine grobe Landkarte unserer Gehirnfunktionen darstellt, so ist diese Navigation immerhin besser, als vollkommen im Dunkeln zu tappen.

Jedenfalls ist die **Wirkung von Neurofeedback** bei verschiedenen Beschwerden sehr gut bestätigt. Das gilt besonders für ADHS, Schlafstörungen, Tic-Störungen und Tourette-Syndrom, Epilepsie und Tinnitus. Etwas weniger Studien liegen zu Depression, Ängsten und Burnout vor, aber auch hier sind die Ergebnisse vielversprechend. Und zusätzlich gibt es noch den ganz anderen Bereich der Peak-Performance, der Leistungsoptimierung in Sport und Beruf. Aus psychologischer Sicht geht es allerdings nicht um eine Ausbeutung der eigenen Ressourcen, sondern um die Förderung des eigenen Potenzials bei gleichzeitiger Berücksichtigung der Work-Life-Balance. Die Möglichkeiten, die Neurofeedback bietet, sind keineswegs ausgeschöpft. Wir erleben hier gerade eine sehr dynamische Entwicklung, die durch die Erkenntnisse der Neurowissenschaften weiter vorangetrieben wird.

Neurofeedback wirkt bei zahlreichen Beschwerden.

Bei welchen Beschwerden Neurofeedback wirkt:

↘ ADHS (Aufmerksamkeitsdefizitsyndrom mit/ohne Hyperaktivität)

↘ Schlafstörungen

↘ Depressionen

↘ Konzentrations- und Lernprobleme

↘ Tic-Störung und Tourette-Syndrom

↘ Epilepsie

↘ Tinnitus und Hyperakusis (Lärmempfindlichkeit)

Welche Strategie passt für wen?
Das maßgeschneiderte Therapieprogramm

Sie haben jetzt die verschiedenen Strategien des „Nicht immer Denkens" kennengelernt. Welche dieser Strategien ist aber genau die Richtige für Sie? Wie ich bereits in meinem Buch „Mein Weg in die Entspannung" ausführlich beschrieben habe, gibt es nicht DIE einzige Strategie. „Alle für Einen, Eines für Alle" [36] kann in der Praxis nicht gelingen. So verschieden die Menschen sind, so individuell gilt es auch die Lösungsansätze zu gestalten. Ebenso benötigen verschiedene Situationen unterschiedliche Ansatzpunkte. Sie müssen dazu nicht alle Strategien lernen, die ich in diesem Buch beschrieben habe. Es ist jedoch günstig, dass Sie die verschiedenen Möglichkeiten kennen. Sie können dann besser wählen, was für Sie passt, können gezielt diejenigen Strategien lernen, die die beste Aussicht auf Erfolg haben. Das kann manchmal eine Strategie wie die Achtsamkeitsmeditation sein, ein anderes Mal die Kombination von kognitiver Umstrukturierung mit Hypnose.

Im folgenden Kapitel beschreibe ich vier Fallbeispiele aus der Praxis, bei denen das Denken eine entscheidende Rolle bei der Entstehung der Beschwerden gespielt hat. Diese Fallbeispiele zeigen, welche Strategien geholfen haben, die Probleme zu lösen und nicht immer zu denken.

„Alle für Einen, Eines für Alle?"

3 Fallbeispiele: „Nicht immer denken" in der Praxis

Bedeutung des Denkens bei der Entstehung von Beschwerden, Nichtdenken als Lösungsansatz

In diesem Kapitel stelle ich verschiedene Fallbeispiele zu Depression, Burnout, Schlafstörung, Angst, Schmerz und Posttraumatischer Belastungsstörung vor. Was diese Fälle gemeinsam haben, ist die Bedeutung des Denkens bei der Entstehung der Beschwerden und die Lösungen des „Nicht immer Denkens", um aus den Problemkreisen wieder heraus zu kommen.

Alle Fälle beruhen auf tatsächlichen Therapieverläufen in unserer Praxis. Ich möchte mich an dieser Stelle nochmals ganz herzlich bei unseren Patientinnen und Patienten bedanken, die ihr Einverständnis gegeben haben, dass ich die Informationen – natürlich anonymisiert – in diesem Buch verwenden darf. Ich lade Sie nun ein, mitzukommen auf eine Reise in die psychologische Therapie verschiedener Beschwerden.

Weil ich es mir Wert bin: Depression und Schmerz

Der Hintergrund

Frau Sorge ist 58 Jahre alt, in vorzeitigem Ruhestand und verheiratet. Sie hat zwei erwachsene Kinder, die Tochter ist verheiratet und hat zwei kleine Kinder, der Sohn lebt in fester Partnerschaft. Sie arbeitete früher als Krankenschwester in einem Pflegeheim, musste jedoch wegen chronischer Schmerzen und wiederkehrender Depressionen den Beruf aufgeben. Vor zwei Jahren ging sie in den krankheitsbedingten Vorruhestand, der jedoch nicht dauerhaft, sondern zeitlich begrenzt war. Jedes Jahr musste sie wieder zu einer Untersuchung, von deren Ergebnis es abhing, ob die Verrentung weiter verlängert oder ob sie wieder als arbeitsfähig eingestuft wurde. Für Frau Sorge bedeutete das einen wiederkeh-

renden Stress. Schon Wochen vor den Kontrollterminen fühlte sie sich deutlich schlechter. Einerseits arbeitete sie daran, dass es ihr wieder besser ging, andererseits durfte es gar nicht zu viel Therapiefortschritt geben, da sie sonst vielleicht wieder zur Arbeit gehen musste, was sie sich aber nicht mehr vorstellen konnte. Allein der Gedanke daran erzeugte Schweißausbrüche, gelang es ihr doch gerade einigermaßen, das Alltagsleben zu Hause zu meistern. Jede Zusatzbelastung war sofort eine Überforderung. Größere Arbeiten im Haushalt, wie Fensterputzen oder Geburtstagsfeiern in der Familie, führten bereits zu einer deutlichen Verschlechterung der Schmerzen, zu Schlafstörungen und einer Verstärkung der Depression. Sie benötigte dann mehrere Tage, um wieder zur Ruhe zu kommen, was ihr gerade rechtzeitig gelang, bevor eine neue Belastungsprobe vor der Tür stand.

Ihr Mann war bis vor einem Jahr im Vertrieb eines großen Konzerns tätig und dadurch viel auf Reisen. Er ist 63 Jahre alt und seit einem Jahr ebenfalls in Rente. Beide wohnen in einer Wohnung in einer mittelgroßen Stadt und fühlen sich dort sehr wohl. Sie sind gerne auf Reisen und genießen auch den Kontakt mit den Enkelkindern. Das Verhältnis mit der Familie ist bis auf kleinere Konflikte ziemlich gut.

Die Entstehung der Depression

Wenn man die Lebensumstände von Frau Sorge betrachtet, so scheinen diese auf den ersten Blick recht günstig: eine stabile Ehe, ein guter Kontakt mit der Familie, keine finanziellen Sorgen. Und doch leidet Frau Sorge seit vielen Jahren an schweren Depressionen. Der Beginn liegt mehr als 15 Jahre zurück, genau kann sie das Jahr nicht benennen. Bis zum 40. Lebensjahr war rückblickend alles weitgehend in Ordnung. Zwar gab es den üblichen Stress mit der Vereinbarkeit von Beruf, Familie und eigenen Bedürfnissen, aber insgesamt war es „eine gute Zeit". Allerdings habe sie dann zunehmend bemerkt, wie die Arbeit mühsamer wurde, sowohl körperlich als auch psychisch. Das Heben der Patienten wurde immer anstrengender, durch die Hausarbeiten und die Zeit für die Familie musste sie die eigenen Bedürfnisse zurückstellen. Die Rückenschmerzen, die zu Beginn nur an manchen Tagen auftraten, waren jetzt ein Dauerzustand. Dabei hatte sich auch die Angst vor neuen Schmerzen im Bewusstsein eingenistet. „Hoffentlich geht es mir heute besser. Das letzte Mal konnte ich mich danach zwei Tage kaum bewegen." Solche und weitere Gedanken führten zu einer Fokussierung auf den Schmerz, sowohl bei Aktivitäten, als auch in Ruhe. Damit ging einher, dass andere, positive Ereignisse immer weniger bemerkt wurden, wie die positiven Rückmeldungen der Patienten, nette Gespräche mit der Familie oder ein kleiner Ausflug am Wochenende. All das wurde zunehmend vom Thema Schmerz überlagert. Die Belastungen durch die Schmerzen und die psychisch anstrengende Pflegetätigkeit einerseits und der zunehmende Wegfall von Ressourcen – positiven Erlebnissen

– auf der anderen Seite bereiteten den Weg in die Depression. Ihre Stimmung verschlechterte sich von Woche zu Woche, der Schmerz nahm immer mehr zu. Die Behandlung der Ärzte brachte nicht den gewünschten Erfolg. Zum einen lag das am einseitigen Ansatzpunkt am Schmerz, ohne ihre Psyche und den Lebensstil zu berücksichtigen. Zum anderen lehnte sie aber auch den empfohlenen Kuraufenthalt ab, da sie ja die Familie und die Patienten nicht einfach im Stich lassen könne. Physiotherapeutische Behandlungen nahm sie in Anspruch, für die Übungen zu Hause fand sie jedoch keine Zeit. Zurückzuschalten und sich bewusst Zeit für sich selbst, für Erholung, Entspannung und Training zu nehmen, kam für Frau Sorge nicht in Frage. „Ich muss weiter funktionieren. Ohne mich bricht alles zusammen. Ich werde es schon irgendwie schaffen." Diese Leitsätze waren permanent im Kopf vorhanden.

Sie bemerkte zwar, dass ihr die Energie immer mehr fehlte, aber „es wird schon wieder besser werden". Solch aufbauende Gedanken sind im Allgemeinen nützlich und hilfreich, um anstrengende und schwierige Phasen zu überwinden. Ab einer gewissen Intensität und Dauer von Beschwerden hilft dieses positive Denken jedoch nicht mehr, sondern ist im Gegenteil kontraproduktiv. Die Durchhalteparolen heizen die Problematik noch weiter an, das letzte bisschen Kraft und Energie wird dann auch „verbrannt". Übrig bleibt ein ausgemachtes Energiedefizit mit all den dazugehörigen psychischen und körperlichen Beschwerden.

Positives Denken allein hilft nicht immer.

So ging es über Monate weiter. Frau Sorge meldete sich keinen einzigen Tag krank und schaffte es mit außerordentlicher Willenskraft durchzuhalten. Dass sie sich schon längst auf den Abgrund zubewegte, war ihr damals noch nicht bewusst.

Vorsicht: Der Ruhestand kann Ihre Gesundheit gefährden!

Als wäre der Verlauf bisher nicht schon problematisch genug, kam noch ein weiterer Faktor hinzu, der „das Fass zum Überlaufen brachte". Dieser Faktor hieß Herr Sorge, der Ehemann unserer Patientin. Wie schon eingangs erwähnt, ging Herr Sorge ein Jahr nach seiner Frau regulär in Rente. Einerseits ist der Ruhestand etwas, was viele Menschen schon ab 50 oder bereits vorher herbeisehnen, andererseits müsste man – ähnlich den Beipackzetteln von Medikamenten – anmerken: „Vorsicht, der Renteneintritt kann zu unerwünschten Nebenwirkungen führen."

Pensionsschock

Diese unerwünschten Nebenwirkungen werden bereits länger unter dem Begriff „Pensionsschock" diskutiert. Und tatsächlich ist es der Gesundheit abträglich, zu früh aus dem Arbeitsleben auszuscheiden. Arbeit ist ja schließlich nicht nur Anstrengung und Mühsal, sondern auch Sinnstiftung, Bestätigung und ein wichtiger Lebensinhalt. Darauf haben Arbeitspsychologen bereits um 1910 hingewiesen, vor mehr als 100 Jahren [42]! Ausklammern möchte ich an dieser Stelle Arbeitsverhältnisse, die durch Ausbeutung, Überforderung und Missachtung der Würde des Menschen gekennzeichnet sind. Und natürlich gibt es Erkrankungen, die eine Arbeitstätigkeit ausschließen. Unter den weitgehend gesunden Menschen im Pensionsalter gibt es jedoch viele, die sich wieder eine Tätigkeit – ehrenamtlich oder auch auf Honorarbasis – suchen, um dem Leben einen Sinn zu geben, einen Sinn parallel zu Familie und Hobbys.

In einer ähnlichen Lage befindet sich Herr Sorge. Er war durchaus gerne bereit, noch länger zu arbeiten, die Firma trennte sich jedoch von ihm, um ihn durch einen jüngeren, billigeren Mitarbeiter zu ersetzten. Das wäre alleine nicht so problematisch, hätte er rechtzeitig begonnen, den Beruf durch ein Hobby zu ersetzen. Hobbys betrieb er aber keine, eigentlich noch nie. Er pflegte auch keine Freundschaften. Es gab zwar Kontakte mit Bekannten, aber wirkliche Freunde zählten nicht dazu. Unter anderem deshalb war Herr Sorge ganz auf seine Frau fixiert. Er hatte es am liebsten, wenn alles gemeinsam erledigt wurde, der Einkauf, das Kochen, die Freizeit. Für Frau Sorge erwies sich das jedoch als enorme Umstellung. Über Jahrzehnte war sie es gewohnt, zu Hause alles selbst zu regeln, die Erziehung der Kinder, die Hausarbeit, die Planung von Familientreffen. Auf einmal kam ihr Mann und mischte sich in Dinge ein, die ihn bisher nicht interessiert hatten. Das ging so weit, dass er sogar die Einkaufsliste kontrollierte. Nun war Herr Sorge auch ein sehr dominanter Mensch und hatte noch immer das patriarchalische Familiensystem im Kopf.

Frau Sorge hingegen war schon immer die Vermittelnde und auf Harmonie Bedachte. Das hatte sie bereits bei ihren Eltern so erlebt, übernommen und selbst über Jahrzehnte täglich „trainiert". Konflikte hielt sie sehr schwer aus, lieber nahm sie sich selbst zurück. „Wenn ich meine Bedürfnisse vertrete, kommt es zu einem Streit. Ein Streit ist das Schlimmste, was passieren kann." Außerdem fühlte sie sich ihrem Mann bei Streitgesprächen unterlegen. „Er fährt einfach über mich hinweg." Diese Gedanken waren im Kopf von Frau Sorge fest verankert und der Grund dafür, dass sie lieber den Kopf einzog und nachgab.

Wie Gedanken depressiv machen

Als ihr Mann noch täglich zur Arbeit ging, kam es nur selten zu solchen Konflikten. Seit der Pensionierung waren diese jedoch an der Tagesordnung. Die Strategie des Nachgebens funktionierte nicht weiter. Es boten sich keine Alternativen an. Diese Hilflosigkeit war der letzte Einfluss, der dazu führte, dass eine schwere Depression ausgelöst wurde. Das bedeutet nicht, dass Herr Sorge die alleinige Verantwortung für die Entwicklung der Depression seiner Frau trug, er hatte jedoch einen Anteil daran. Die Hauptverantwortung lag bei Frau Sorge selbst. Sie hatte es auch über viele Jahre zugelassen, dass sich bestimmte Kommunikations- und Verhaltensmuster in der Familie und im Beruf entwickelten. Hier waren die inneren Antreiber und Glaubenssätze das wahre Kernproblem. Sie hatte durch ihr Denken die Innenwelt zur Realität gemacht. Sie hatte sich nach ihren Glaubenssätzen verhalten und diese im Sinne der sich selbsterfüllenden Prophezeiung verstärkt. Wenn sie zum Beispiel den Wunsch hegte, Zeit alleine zu verbringen, ploppte sofort folgender Gedankenstrom auf: „Das wird meinem Mann nicht recht sein – er wird sich beschweren – es wird dann zu einem Streit kommen – ich werde beim Streit unterlegen sein – ich kann mich nicht wehren – Streit ist das Schlimmste, was passieren kann – ich möchte Streit um jeden Preis vermeiden – wenn ich nachgebe, ist alles gut." Dieser Gedankenstrom lief blitzschnell ab und führte zur einzig logischen Konsequenz: es dem Ehemann recht zu machen.

auf Kosten der eigenen Bedürfnisse

Leider geschah das auf Kosten der eigenen Bedürfnisse, der Freiheit, Autonomie, Selbstkontrolle und auch des Gefühls, so angenommen zu werden, wie man ist. Frau Sorge hatte immer stärker den Eindruck, dass sie ihr Mann nicht so wahrnahm, wie sie war, dass er auf ihre Bedürfnisse und Wünsche keine Rücksicht nahm, sondern nur selbst im Mittelpunkt stehen wollte. Das machte sie traurig, hilflos und auch zornig. Zornig auf ihn und noch viel mehr auf sich selbst, da sie das ja zuließ. Die sich aufstauende Wut durfte sie jedoch nicht nach außen lassen. „Ich muss auf Harmonie achten. Wenn ich meinen Ärger ausdrücke, werde ich zurechtgewiesen. Ich werde wieder überfahren. Ich lasse es lieber." Aber wohin mit dem Ärger?

„Unterdrückter Ärger führt zu Depression."

Diesen nach außen zu lassen, erlaubte sie sich nicht. Sie hatte zwar früher ab und zu probiert die Situation zu lösen, jedoch nach einigen Versuchen davon abgelassen. „Es hat keinen Sinn, ich kann nichts bewegen." Also blieb nur die Unterdrückung des Ärgers, der damit aber nicht verschwand. Es verhielt sich wie bei einem Schnellkochtopf, innen brodelt es, der Deckel ist aber fest zu, dadurch wird der Druck immer größer und sucht sich ein Ventil. Wenn Explosion, Ausbruch nach außen, nicht möglich ist, dann kommt es zur Implosion, zum inneren Zusammenbruch des Systems. Darin lag einer der Gründe für die Entwicklung der Depression. Bei Frau Sorge passte auch alles gut zusammen: die Depression, die mit einer ordentlichen Portion Wut verbunden war, die durch starke innere Anspannung und Gedankenkreisen verursachten Schlafbeschwerden und die Schmerzen, die ebenfalls durch die Aktivierung und Unruhe in Körper und Psyche aufgeschaukelt wurden.

Häufig ist nach einer gewissen Dauer einer Depression jegliche Energie verpufft, auch die Aggression, die vorher noch vorhanden war, hatte sich selbst aufgezehrt. Übrig blieb eine innere Leere, Antriebslosigkeit und ein gehöriges Motivationsdefizit, alles Symptome, die bei einer Depression typischerweise vorhanden sind.

In diesen Fällen gilt es, wieder Energie aufzubauen, wie dies in der Klinischen Psychologie vor allem durch Ressourcenaktivierung erfolgreich angewendet wird. Wenn noch eine gewisse Portion Aggression vorhanden ist, dann kann man diese Energie nutzen, weg von der selbstzerstörerischen Ausrichtung hin zu einer konstruktiven Lösung der Situation. Andererseits muss man aber auch besonders Acht geben, weil ein vorhandenes Suizidrisiko durch Aggression gegen sich selbst sehr gefährlich ist. Da Stimmungen bei Depressionen rasch kippen können, zuvor noch ein Funken Hoffnung, Minuten später bereits tiefe Verzweiflung, gleicht die psychologische Therapie manchmal einem schmalen Grat. Man kann als Psychologe nie ganz sicher sein, was sich zwischen zwei Therapiesitzungen entwickelt. Deshalb werden die Todesgedanken immer besprochen und Strategien erarbeitet, die verhindern, dass den trüben Gedanken nachgegangen wird.

Sekundärer Krankheitsgewinn: Wenn das Gesundwerden zur Bedrohung wird

Jede Erkrankung führt zu einer Veränderung im Leben, mal mehr und mal weniger. Bereits eine harmlose Erkältung bewirkt, dass man sich schont und auch gerne von seinen Lieben verwöhnen lässt. Das dürfte bei Männern noch etwas stärker ausgeprägt sein als bei Frauen. Die Theatralik, die dabei an den Tag gelegt wird, gleicht manchmal dem „Sterbenden Schwan" aus Schwanensee, wie mir von meinen Patientinnen in der Praxis versichert wird. Das hören die Männern natürlich nicht gerne, trifft es aber doch ganz gut. Schwere und chronische Krankheiten, die länger als sechs Monate dauern, führen zu noch deutlicheren Veränderungen im

„Aus diesem Traum auffahrend, fühlte er sich von tiefer Traurigkeit umfangen. Wertlos, so schien ihm, wertlos und sinnlos hatte er sein Leben dahingeführt; nichts Lebendiges, nichts irgendwie Köstliches oder Behaltenswertes war ihm in Händen geblieben. Allein stand er und leer, wie ein Schiffbrüchiger am Ufer." (Hermann Hesse, Siddhartha)

Alltag und Familiengefüge. Die Symptome einer Erkrankung bringen häufig Einschränkungen im Leben mit sich. Dabei werden vor allem jene Tätigkeiten nicht mehr ausgeübt, sie schon zu gesunden Zeiten unangenehm waren und eine Last darstellten. Das können Hausarbeiten sein, Einkäufe oder auch die Organisation von Familientreffen. Mit der Krankheit gibt es nun einen guten Grund, diese Tätigkeiten abzugeben. Und der Partner, die Familie, Bekannte und Arbeitskollegen helfen hier zunächst gerne mit. Das erspart manche Mühsal und ist angenehm.

Sekundärer Krankheitsgewinn

Dieser Gewinn aus der Krankheit wird sekundärer Krankheitsgewinn genannt. Dazu gehört auch die liebevolle Zuwendung des Partners oder von Freunden, die besonders dann als angenehm empfunden wird, wenn sie zuvor gefehlt hat. Ein Paar, das in der Hektik des Alltags vergessen hat, sich umeinander zu kümmern, kann durch eine Krankheit tatsächlich wieder mehr zueinanderfinden. Das ist aber nicht ohne Tücke, schließlich wird auch automatisch und unbewusst gelernt, dass es die Krankheit braucht, um diese Annehmlichkeiten zu bekommen. In der Psychologie sprechen wir dabei von positiver Verstärkung. Die Belohnung eines Verhaltens oder eines Zustandes bewirkt, dass dieses aufrechterhalten und noch verstärkt wird. Je kränker jemand ist, je bedürftiger, umso mehr kümmern sich die anderen um ihn. Das ist ein Automatismus, der im Allgemeinen nicht bewusst abläuft. Und

Die Krankheit führt zu einem Mehrwert.

darin liegt auch das Verhängnisvolle. Die Krankheit führt zu einem Mehrwert. Wenn die Krankheit wegfällt, vergeht dieser Mehrwert eventuell auch wieder. Der während der Krankheit liebevolle Ehemann wird sich vielleicht wieder mehr um sich selbst kümmern, wenn die Frau wieder gesund und fit ist. Das ist schade und sollte doch verhindert werden. Und wie? Am einfachsten dadurch, dass die Frau weiter krank bleibt.

Bei Krankenstand und krankheitsbedingter Pensionierung verhält sich der sekundäre Krankheitsgewinn ganz ähnlich. Besonders wenn die Arbeit anstrengend und belastend war, dann stellt es eine Erleichterung dar, nicht mehr arbeiten zu müssen. Den vorzeitigen

Ruhestand halten viele Menschen auch für etwas Erstrebenswertes. Freilich wäre es noch schöner, wenn die Gesundheit mitspielen würde. Gesund zu werden, bedroht aber wieder den Renteneintritt. Die Rentenversicherung schreibt ja nur dann die Frühverrentung oder den Krankenstand fort, wenn tatsächlich eine entsprechende Beeinträchtigung vorliegt. Dabei handelt es sich durchaus um ein Dilemma, dessen Auflösung nicht immer einfach ist.

Bestandsaufnahme:
Die klinisch-psychologische Diagnostik

Klinisch-psychologische Diagnostik

Die klinisch-psychologische Diagnostik ist eine wissenschaftliche Analyse von psychischen, psychosomatischen und körperlichen Beschwerden. Sie besteht aus einem ausführlichen psychologischen Gespräch, das Anamnese und Exploration genannt wird, und bestimmten Fragebögen und Tests, die für die individuelle Problematik ausgewählt werden. Das Ziel der klinisch-psychologischen Diagnostik ist eine exakte Bestandsaufnahme der Beschwerden (psychische Störungen, psychosomatische Beschwerden), der Folgeprobleme, der Entstehung und des Verlaufs. Die Diagnose wird nach den Kriterien der WHO im Kapitel F der ICD-10 (International Classification of Diseases) mit einem Code versehen. Eine leichte Depression, genauer leichte depressive Episode, wird zum Beispiel mit F32.0 codiert. Diese einheitliche Diagnosestellung dient der Qualitätssicherung und der Verbesserung der Kommunikation im Gesundheitssystem. Und natürlich basiert auch die Therapieplanung auf dieser Analyse. Es wird ein maßgeschneiderter Therapieplan erstellt, der möglichst umfassend alle Aspekte der Beschwerden einbezieht. Die Diagnostik ist sehr umfangreich und dauert im Allgemeinen zwei bis vier Stunden, die auf mehrere Tage aufgeteilt werden. Wie hat es der Seefahrer Wilhelm von Oranien so schön formuliert: „Es gibt nur für den einen günstigen Wind, der weiß wohin er segeln will."

„Über das Flußufer hing ein Baum gebeugt, ein Kokosbaum, an dessen Stamm lehnte sich Siddhartha mit der Schulter, legte den Arm um den Stamm und blickte in das grüne Wasser hinab, das unter ihm zog und zog, blickte hinab und fand sich ganz und gar von dem Wunsche erfüllt, sich loszulassen und in diesem Wasser unterzugehen."
(Hermann Hesse, Siddhartha)

Die klinisch-psychologische Diagnostik bei Frau Sorge ergab eine rezidivierende depressive Störung mit gegenwärtig schwerer Episode (F33.2). Das bedeutet, dass eine Depression bereits mehrmals aufgetreten ist und zwischendurch Phasen von mindestens drei Monaten ohne Depression vorhanden waren. Suizidgedanken wurden ebenfalls geäußert, teilweise auch konkret. Sie hatte schon Pläne geschmiedet, wie sie ihrem Leiden ein Ende setzen könnte, vor allem, um der Familie nicht zur Last zu fallen. Das ist ein häufiger Gedanke bei Depressionen, der für die Betroffenen schlüssig und logisch erscheint und durch die negativen kognitiven Schemata aufrechterhalten wird. Als weiterer Teil der Depression war eine ausgeprägte nichtorganische Insomnie (F51.0) vorhanden, die sich durch Einschlaf- und Durchschlafstörungen äußerte. Diese war wesentlich durch die negativen Gedankenmuster beeinflusst. Eine Wechselwirkung bestand auch mit den Rückenschmerzen. Die Ursache der Schmerzen lag im Wesentlichen in der Hebetätigkeit als Krankenschwester. Dazu kamen auch etwas Übergewicht und zu wenig Sport, der die Rumpfmuskulatur stärken würde. Schmerzen haben so gut wie immer Auswirkungen auf die Psyche. Mit chronischen Schmerzen fällt es schwer, das Leben zu genießen.

Teufelskreis Schmerz – Depression

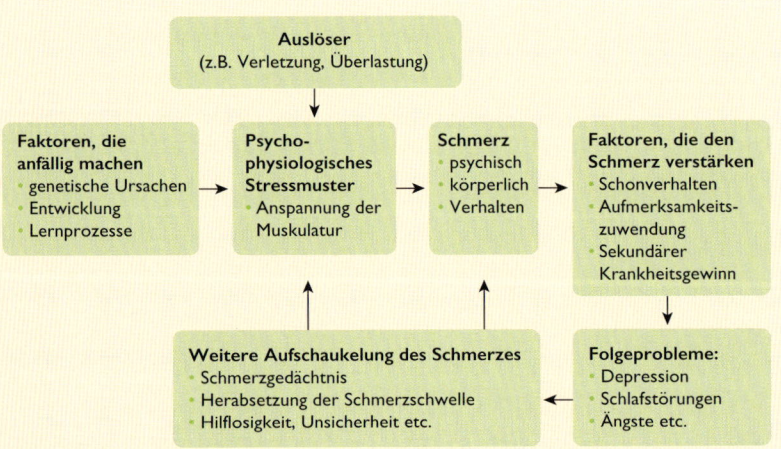

Auslöser
(z.B. Verletzung, Überlastung)

Faktoren, die anfällig machen
• genetische Ursachen
• Entwicklung
• Lernprozesse

Psycho-physiologisches Stressmuster
• Anspannung der Muskulatur

Schmerz
• psychisch
• körperlich
• Verhalten

Faktoren, die den Schmerz verstärken
• Schonverhalten
• Aufmerksamkeitszuwendung
• Sekundärer Krankheitsgewinn

Weitere Aufschaukelung des Schmerzes
• Schmerzgedächtnis
• Herabsetzung der Schmerzschwelle
• Hilflosigkeit, Unsicherheit etc.

Folgeprobleme:
• Depression
• Schlafstörungen
• Ängste etc.

Der Weg zu einer depressiven Stimmung ist dann nicht mehr weit. Darum wundert es nicht, dass Schmerzen häufig mit Depressionen verbunden sind. Umgekehrt führt eine Depression zu einer erhöhten Schmerzempfindlichkeit, die Schmerzschwelle wird herabgesetzt und physiologische Veränderungen, die bei gesunden Personen keine Auswirkungen haben, führen bei Depressiven bereits zu einer Schmerzempfindung. Wie ein Teufelskreis schaukeln sich Depression und Schmerz weiter auf (siehe Abb. S. 132). Diese negative Spirale erfordert einen umfassenden Therapieansatz.

Depression und Schmerz sind ein Teufelskreis.

Wege aus Depression und Schmerz

Die Problematik von Frau Sorge war sehr komplex: Depression, Schmerzen und Schlafstörungen lagen als Hauptbeschwerden vor. Als Ursachen und aufrechterhaltende Faktoren kamen verschiedene Problembereiche in Betracht, vor allem die Konflikte mit dem Ehemann und die Unsicherheiten hinsichtlich des Vorruhestandes. Gleichzeitig offenbarte sich ein deutlicher Ressourcenmangel, das Fehlen von Aktivitäten und Erlebnissen, die Freude machen und Energie zuführen. Wenn man das auf einer Wippe darstellt, wird das Ungleichgewicht von Belastungen und Ressourcen sehr deutlich (siehe Abb. S. 134).

Ungleichgewicht von Belastungen und Ressourcen

Dieses Ungleichgewicht finden wir häufig bei chronischen Beschwerden, seien diese psychisch oder körperlich. Das Ziel ist dann, an beiden Bereichen anzusetzen: Ressourcen zu fördern und Belastungen bzw. Anforderungen zu reduzieren [13; 14].

Bei Frau Sorge ging es um ein „Rundumpaket". Es war wichtig, Ressourcen zu fördern, Belastungen zu reduzieren, Probleme zu lösen und auch die inneren Konflikte an die Oberfläche zu holen und zu verändern. Diese Ansätze laufen nicht nach einem starren Schema ab, sondern greifen ineinander. So ist auch bei der kognitiven Umstrukturierung, die eine lösungsorientierte (problembezogene) Strategie darstellt, automatisch eine Ressourcenaktivierung

„Psychologen sind wissenschaftliche Problemlöser."

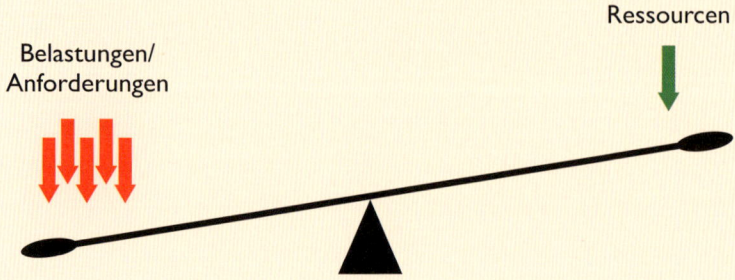

Belastungs-Ressourcen-Wippe

einbezogen. Diese findet statt, indem der Ausstieg aus den negativen Gedanken vom Psychologen verstärkt und die Patientin motiviert wird, ihren Weg weiterzuführen.

Humor hilft! Auch der Humor in der Therapie ist nicht zu unterschätzen. Man mag es kaum für möglich halten, aber es kommt auch bei ernsten Therapiegesprächen mitunter eine Situationskomik an den Tag, bei der Patientin und Psychologe herzlich lachen können. Das war auch bei Frau Sorge der Fall. Trotz jahrelanger Depression und Schmerzen hatte sie ihren Humor nicht verloren (und ich ebenfalls nicht), was eine ganz ausgezeichnete Ressource darstellte. Humor verhilft zu einer inneren Distanzierung, einer besseren Sicht auf die Probleme und stärkt das Wohlbefinden und die innere Kraft. Ein schönes Vorbild ist der Dalai Lama, der sich stets ein Lachen bewahrt, auch wenn die Situation in Tibet alles andere als rosig aussieht.

Die Ansatzpunkte der psychologischen Therapie

Die American Psychological Association (APA) bringt die Tätigkeit der Psychologie sehr schön auf einen Punkt: „Scientific Problem Solvers". Als wissenschaftliche Problemlöser suchen wir genau jene Lösungen für unsere Patienten/Klienten, die am besten zur Person und zur Problemstellung passen. Bei jedem Menschen ist das anders. Darin besteht eine große Herausforderung, gleichzeitig aber auch eine spannende Aufgabe.

Die psychologische Therapie bietet drei grundsätzliche Ansatzpunkte: die Ressourcenaktivierung, die lösungsorientierte Therapie und die klärungsorientierte Therapie. [13]

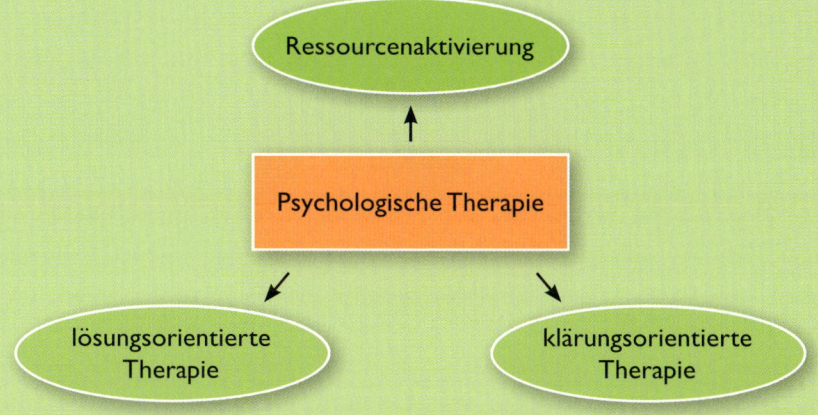

1. Ressourcenaktivierung

Die Förderung von Ressourcen – von Energiequellen – ist ein wesentlicher Ansatzpunkt der psychologischen Therapie. Durch sie werden positive Gedanken, Gefühle und Körperreaktionen ausgelöst, die stärken und robuster machen. Dadurch erfährt die Gewichtsverteilung auf der Belastungs-Ressourcen-Wippe bereits unmittelbar eine Veränderung, auch wenn die Probleme noch nicht gelöst sind. Diese Verschiebung führt jedoch sofort zu einer Verschiebung des Blickwinkels. Das Problem wird kleiner und handhabbarer. Konkret fördert die Ressourcenaktivierung alles, was gut tut: Hobbys, Treffen mit Freunden, Entspannungsübungen, Sport etc. Strategien zur Förderung dieser Ressourcen sind Tagesstrukturierung, Genusstraining, Achtsamkeitsübungen, Entspannungsübungen und vieles mehr.

2. Lösungsorientierte (problemspezifische) Therapie

Probleme lösen sich häufig nicht von selbst auf. Vermeidung führt auch zu keiner Verbesserung. Um Probleme lösen zu können, muss man diese direkt anvisieren. Dafür gibt es in der Psychologie verschiedene Strategien, je nach Problemstellung auch eigene Behandlungsmanuale mit einem Schritt-für-Schritt-Vorgehen: bei Ängsten das psychologische Angstmanagement oder bei Schmerzen die psychologische Schmerztherapie. Hinter diesen Bezeichnungen verbergen sich Methoden, die direkt auf die Probleme und Beschwerden abzielen: bei Angst zum Beispiel die Information über die Psychologie der Angst, kognitive Umstrukturierung, Entspannung, Biofeedback, Neurofeedback oder Hypnose. Die individuelle Therapie wird dabei für den Patienten/Klienten maßgeschneidert. Der Psychologe greift dabei auf sein ganzes Wissen zurück, um genau jene Strategien auszuwählen, die für den jeweiligen Fall am besten geeignet sind.

3. Klärungsorientierte Therapie

Die klärungsorientierte Therapie arbeitet mit dem Unbewussten, um die Veränderung motivationaler Schemata zu erreichen. Sie zielt darauf ab, die Hintergründe von Problemen und Beschwerden ans Tageslicht zu bringen. Sich über etwas klar zu werden, ist an sich bereits eine wertvolle Erfahrung. Es wird dadurch das Bedürfnis nach Orientierung und Kontrolle befriedigt. Darüber hinaus können durch die Erkenntnisprozesse innere Widersprüchlichkeiten und Barrieren im Kopf aufgelöst und verändert werden.

Folgende Ansätze tragen konkret zur Klärung von bislang nicht bewussten (oder teilbewussten) Konflikten bei:

- Reflexion (Sokratischer Dialog, Achtsamkeitsübungen, kognitive Umstrukturierung, erlebnisorientierte Zugänge etc.)
- neue Erfahrungen (andere Verhaltensweisen, Durchbrechung alter Muster)
- Hypnose (Arbeit mit dem Unbewussten)

Kognitive Umstrukturierung: Der Ausstieg aus den negativen Gedankenkreisen

Frau Sorge hatte im Laufe ihres Lebens gelernt, dass sie die Ansprechperson für alle anderen Menschen war, für die Kinder, den Ehemann, Freunde und Bekannte und im Beruf für ihre Patienten und Arbeitskollegen. Alle waren sie zu Frau Sorge gekommen, wenn sie etwas bedrückte, wenn Probleme und Konflikte anstanden. Das hatte sie bereits in ihrer Kindheit bei ihrer Mutter gesehen, die zu Hause als gute Seele der Familie zwischen dem patriarchalen Vater und den Kindern vermittelte. Später sollte ihr eigener Ehemann gar nicht so anders sein als der eigene Vater. Und auch in der eigenen Familie kümmerte sie sich um ein harmonisches Zusammenleben, manchmal eine „Mission impossible" zwischen den Vorstellungen des Ehemannes und den emotionalen Schwankungen der Kinder in der Pubertät. Dennoch hatte sie das im Großen und Ganzen ziemlich gut gemeistert. Darauf konnte sie auch stolz sein. Aber dadurch hatte sich auch weiter bestätigt, dass es stets in ihrer Verantwortung lag, alles am Laufen zu halten. „Wenn ich es selbst mache, dann weiß ich, dass es funktioniert", war einer der entscheidenden Gedanken, der dazu führte, alle Aufgaben zu übernehmen. Ein weiterer lautete: „Die anderen haben schon so viel zu tun, ich kann das leicht übernehmen" und „Ich möchte anderen nicht zur Last fallen". Mit diesen Überzeugungen und inneren Leitsprüchen war es nur logisch, dass sie keine Hilfe annahm. In der Therapie ging es darum, diesen inneren Leitsprüchen (kognitives Schemata) auf die Schliche zu kommen. Das Erkennen der eigenen Gedankenmuster eröffnete erst die Möglichkeit des Umdenkens (Kognitive Umstrukturierung). Das half auch Frau Sorge. Sie lernte sich im Verlauf der psychologischen Therapie immer besser kennen, lernte Gedanken und Verhalten zu analysieren und die psychischen Zusammenhänge besser zu verstehen.

Kognitive Umstrukturierung durch Erkennen der eigenen Gedankenmuster

Nehmen wir eine Situation aus dem Alltag von Frau Sorge heraus. Es ging dabei um ihre Nachbarin. Mit dieser hat sie schon seit vielen Jahren einen sehr guten Kontakt. Die Gespräche im Hausflur und auch beim Kaffee genoss sie sehr. Dabei zählte nicht nur das Plaudern, sondern auch das Gefühl, sich wirklich austauschen zu können. Diese Bekanntschaft war also ein wertvoller Sozialkontakt. Die Nachbarin hatte Frau Sorge schon mehrfach ihre Hilfe angeboten, besonders in der Zeit, als sie die Schmerzen wieder extrem behinderten und sie kaum gehen konnte. Frau Sorge hatte jedoch regelmäßig dankend abgelehnt. „Das kann ich nicht annehmen. Ich möchte der Nachbarin nicht zur Last fallen." Stattdessen schleppte sie sich auch mit Schmerzen zum Supermarkt, um die Einkäufe zu erledigen. Dass sie sich danach nicht besser fühlte, ist nur zu verständlich.

Schritt für Schritt zu einem anderen Denken

Erster Schritt: Die Gedanken und Glaubenssätze

Der erste Schritt der kognitiven Umstrukturierung bestand im Erkennen dieser und noch weiterer, damit zusammenhängender Gedanken. Übergeordnete Gedanken und Leitsprüche (kognitives Schemata) lauteten „Ich mache lieber alles selbst. Ich muss stark sein. Ich muss immer für die anderen da sein." Solche Glaubenssätze sind subjektiv sehr überzeugend.

Zweiter Schritt: Wie glaubwürdig ist der negative Gedanke?

Frau Sorge stufte diesen Gedanken auf der Glaubwürdigkeitsskala von 0–10 (0 = nicht glaubwürdig, 10 = extrem glaubwürdig) bei 9 ein, war also nahezu hundertprozentig überzeugt, dass es stimmte.

Dritter Schritt: Welche Gefühle werden durch den negativen Gedanken ausgelöst? Wie intensiv sind diese Gefühle vorhanden?

Im dritten Schritt wurden die dazugehörigen Gefühle analysiert. Bei Frau Sorge hatten sich zum Schmerz auch Erschöpfung, Depression und Hilflosigkeit dazugesellt. Eine Hilflosigkeit, dass sie trotz aller Bemühungen, es allen rechtzumachen, sich selbst nicht besser fühlte und auch ihr Leben „nicht im Griff" hatte. Durch die permanente Überforderung trug sie auch unbewusst zur Verstärkung der Beschwerden bei. Sie war in einem Teufelskreis gefangen. Auch die Zurückstellung der eigenen Bedürfnisse („Ich muss immer für die anderen da sein.") kurbelte das Gefühl der Überforderung und Hilflosigkeit weiter an. Die negativen Gefühle wurden auf der zehnstufigen Skala bei 8 eingestuft, also ziemlich hoch. Für andere Situationen, besonders für die Konflikte mit ihrem Ehemann, nutzte sie sogar das Limit (Stufe 10).

Vierter Schritt: Welche Stressreaktionen werden ausgelöst? Wie intensiv sind diese?

An Körperreaktionen spürte sie in dieser Situation neben den Schmerzen eine starke Verspannung, innere Unruhe und Kurzatmigkeit, die sich bis zur Hyperventilation steigerte, einer extremen Kurzatmigkeit, die häufig zu Panikattacken führte. Die Intensität wurde zwischen 8 und 10 eingestuft.

Fünfter Schritt: Die Überprüfung und Veränderung der negativen Gedanken

Im fünften Schritt – dem eigentlichen Kern der Kognitiven Umstrukturierung – wurden die negativen Gedanken hinterfragt und alternative Gedanken gesucht. Frau Sorge wurde im Sinne des Sokratischen Dialoges angeregt, die Erkenntnisse und Antworten selbst zu entwickeln. Das fiel ihr anfangs sehr schwer. Die Überzeugungen waren so sehr verankert (im Gehirn gebahnt), dass ein alternatives Denken kaum möglich war. Mit Unterstützung und Anregung von alternativen Denkmustern gelang es Schritt für Schritt, ein neues Denken zu entwickeln. Dieses manifestierte sich in Äußerungen wie: „Es ist in Ordnung, wenn ich mir helfen lasse. Wenn die Nachbarin mehrmals anbietet zu helfen, dann wird sie es ehrlich meinen und gerne tun. Ich habe schon so viel für die Nachbarin getan, dass es auch O.K. ist, Hilfe anzunehmen." Diese Gedanken waren für Frau Sorge zwar ungewohnt, führten aber genau dadurch zu einer neuen Sichtweise.

Anregung von alternativen Denkmustern

Die Aufgabe bis zur nächsten Sitzung lautete also, die Nachbarin um Hilfe beim Einkauf zu bitten, kein Großeinkauf, sondern etwas Milch, Butter und Gebäck. Das klingt nicht sehr aufwändig, Frau Sorge kostete es jedoch enorme Überwindung. Bei der nächsten Sitzung befragt, wie es ihr mit der Therapieübung ergangen sei, musste sie zerknirscht zugeben, dass sie es nicht geschafft hatte. Die Aufgabe hatte ihr sogar schlaflose Nächte bereitet, war sie doch in einem Dilemma: Ihre Überzeugungen verboten ihr, Hilfe anzunehmen, die Erkenntnisse der psychologischen Therapie besagten, dass es wichtig war, etwas Neues auszuprobieren und außerdem hatte sie ein schlechtes Gewissen, ihren Psychologen enttäuschen zu müssen. Das sind die besten Zutaten für eine Verschlechterung der Depression. So weit kam es aber nicht. Dazu trug einerseits die stabile Therapiebeziehung bei, in der sich Frau Sorge sehr gut aufgehoben fühlte, und andererseits der knappe Sitzungsabstand von einer Woche. Das Ziel wurde zwar nicht erreicht, aber das bedeutete kein Scheitern, sondern eine weitere Möglichkeit, dem Denken noch genauer auf die Schliche zu kommen. Und auch der Versuch sich zu überwinden, erwies sich bereits als wertvoll und als ein erster Erfolg. Vor einiger Zeit war selbst der Gedanke daran, Hilfe anzunehmen, unvorstellbar.

Das Aha-Erlebnis

Wie ist es aber dann doch gelungen, dass sie die Therapieaufgabe umsetzen konnte? Dafür war ein Aha-Erlebnis ausschlaggebend. Durch die weitere Besprechung der Situation und der Gedanken kristallisierte sich ein zusätzlicher Aspekt für die Annahme von Hilfe heraus. Gute Sozialbeziehungen leben von einem Geben und Nehmen. Zuviel Ungleichgewicht tut einer Beziehung nicht gut. Wenn einer immer der Geber ist und der andere der Nehmer, so besteht die Gefahr, dass sich eine Beziehung, sei es eine Freundschaft oder Partnerschaft, totläuft. Es kann dann der Fall eintreten, dass der Geber zu viel von sich gegeben hat und sich ausgenutzt vorkommt oder, dass der Nehmer ein schlechtes Gewissen bekommt, da er nicht gleich viel zurückgibt. Ein ausgeglichenes Verhältnis stellt sicher das Ideal einer guten Sozialbeziehung dar. In der Psychologie wird dies Symmetrie genannt. Nun kennen Sie aber sicher auch asymmetrische Beziehungen, zum Beispiel wenn einer den anderen zu einer Sportart motiviert und aufgrund des Trainingsvorsprungs deutlich besser ist, oder auch beim Plaudern, wenn es einen gibt, der wiederholt sein Herz ausschüttet und der andere, der gut zuhören kann, in die Rolle des Coaches rutscht – freiwillig oder unfreiwillig. Jedenfalls gilt es, sich bewusst zu machen, wann welche Art des Kontaktes erstrebenswert ist und was den eigenen Bedürfnissen entspricht.

Frau Sorge erkannte, dass die Beziehung zu ihrer Nachbarin asymmetrisch funktionierte, sie selbst agierte als hilfreicher Engel, die

Ein ausgeglichenes Verhältnis als Ideal einer guten sozialen Beziehung

Nachbarin in der Rolle des Empfängers. Das störte sie zwar nicht, es konnte aber sein, dass die Nachbarin kein gutes Gefühl dabei hatte, wenn sie um Unterstützung bat – für das Gießen der Blumen im Urlaub oder beim Besprechen von Sorgen. Als sie so darüber nachdachte, fiel ihr auch auf, dass die Nachbarin in letzter Zeit zunehmend weniger Hilfe erbeten hatte. Vielleicht traute sie sich auch nicht mehr, konnte sie es doch nicht zurückgeben. Das Aha-Erlebnis bestand darin, dass Frau Sorge ihrer Nachbarin vielleicht sogar einen Gefallen tat, wenn sie sie um Hilfe bat. Gesagt, getan. In der nächsten Woche startete sie das Experiment. Es kostete sie zwar einige Überwindung, aber sie schaffte es, die Nachbarin darum zu ersuchen, ihr Milch und Brot vom Supermarkt mitzubringen. Die Reaktion war verblüffend. Die Nachbarin strahlte und war überglücklich, endlich etwas für sie tun zu können. Am Nachmittag vereinbarten sie gleich einen Kaffeetratsch und plauderten so angeregt wie schon lange nicht mehr. Für Frau Sorge war

Unterstützung annehmen für eine gute Interaktion

dies ein Durchbruch und sie erkannte, dass sie nicht immer nur für andere da sein musste, sondern auch Unterstützung annehmen konnte und dass das für eine gute Interaktion sogar wichtig war.

Sechster Schritt: Das Resultat: Was hat sich verändert?
In der Bewertung, wie die kognitive Umstrukturierung gewirkt hat, erkannte Frau Sorge, dass die Glaubwürdigkeit der inneren Leitsätze („Ich mache lieber alles selbst, ich muss stark sein") von 9 auf 3 herabsank. Diese Gedanken lösten sich zwar nicht komplett auf, waren aber deutlich abgeschwächt. Sie konnte dadurch auch andere Gedanken zulassen („Es ist O.K., wenn ich mir helfen lasse"). Das führte unmittelbar zu einer Erleichterung. Die Überforderung und Hilflosigkeit nahm deutlich ab (von 8 auf 2) und sie fühlte sich auch körperlich wohler.

Gedankenmuster analysieren und verändern

In weiterer Folge lernte sie, mit der Strategie des Sokratischen Dialoges und der kognitiven Umstrukturierung verschiedene Gedankenmuster (kognitive Schemata) zu analysieren und zu verändern. Bei all den Fortschritten gab es aber auch immer wieder Rückschläge, die sich nicht so einfach gedanklich verändern ließen. Das betraf unter anderem das Verhalten ihres Ehemannes, der immer wieder Phasen der Dominanz an den Tag legte. Die veränderte Sichtweise verhalf ihr zu etwas Distanz, wenn ein Konflikt auftrat. Das war wichtig, da sie ihre Bedürfnisse nun besser vertreten konnte und nicht so leicht zum Nachgeben tendierte. Es ärgerte sie aber dennoch weiter. Und das Schlimmste daran, nach einem Konflikt war ihr Mann am nächsten Tag wieder „zuckersüß" und tat so, als ob nichts gewesen wäre. Sie selbst aber kämpfte mit dem Ärger oft noch tagelang.

Achtsamkeit im Alltag und Ressourcenaktivierung

Wir sehen, dass die Veränderung der negativen Gedankenmuster – die kognitive Umstrukturierung – für den Weg aus den Gedankenspiralen eine wichtige Strategie ist, aber auch an ihre Grenzen stößt. An dieser Stelle kommt der Achtsamkeit eine besondere Bedeutung zu. Mit Achtsamkeitsübungen gelingt es, eine zunehmende Gelassenheit und Akzeptanz zu erreichen und sich über Gegebenheiten, die nicht veränderbar sind, weniger zu ärgern und diese gedanklich loszulassen.

Frau Sorge lernte im Verlauf der psychologischen Therapie, wie Achtsamkeitsübungen im Alltag umgesetzt werden können. Dabei sprach sie besonders die Achtsamkeit in der Bewegung an. Sie hatte bereits vor mehreren Jahren festgestellt, dass ihr Nordic Walking guttat und Freude bereitete. Nordic Walking mit einer achtsamen Grundhaltung zu kombinieren, war neu für sie. Die Bewegung blieb die gleiche, aber der Geist, die Gedanken waren jetzt anders ausgerichtet. Früher dachte sie während der Bewegung an alles Mögliche: an schöne und weniger schöne Erlebnisse der Vergangenheit, wie eine Urlaubsreise oder die Nachricht einer schweren Erkrankung eines Bekannten, an die Zukunft, was im Haushalt noch zu tun wäre oder welche Freundin sie wieder einmal anrufen sollte. Und natürlich kreisten ihre Gedanken um die Konflikte mit

Achtsamkeits-übungen im Alltag

143

ihrem Ehemann, um die eigene Depression, die Schmerzen und die Schlafbeschwerden. Alleine schon das Denken daran führte sie immer weiter in einen negativen Kreislauf aus Gedanken, Gefühlen und körperlichen Beschwerden. Das war ein automatischer Prozess, der ihr gar nicht bewusst war. Der Kopf arbeitete ständig, beschäftigt mit Sorgen, Ängsten und Depressionen. Unter diesen Bedingungen konnte eine Nordic-Walking-Runde keinen besonders positiven Effekt entwickeln. Im Gegenteil, es kam zu einer Verstärkung und weiteren Bahnung der Belastungen und Beschwerden.

Der negative Gedankenkreis

Jetzt könnten Sie einwenden, dass durch das Wälzen der Probleme während des Sports diese „abgearbeitet" werden, ähnlich wie diese leichter werden, wenn man sich mit einem guten Freund darüber unterhält. Damit haben Sie auch vollkommen Recht. Tatsächlich ist einer der besten Wege des Stressmanagements die körperliche Bewegung. Durch das Gehen oder andere Bewegungsarten kommt häufig auch der Geist in Bewegung. Was einen beschäftigt, im Alltag aber in den Hintergrund rückt und verdrängt wird, kommt beim Gehen an die Oberfläche, wird dadurch bewusst und einer Lösung prinzipiell zugänglich. Es kann dann auch gelingen, das Problem von verschiedenen Seiten zu betrachten und Lösungswege aufzutun, die zuvor nicht sichtbar waren.

„Der Kopf ist rund, damit das Denken die Richtung wechseln kann." (Francis M. de Picabia)

Das Auflösen der negativen Gedanken gelingt aber nicht immer so mühelos. Es kommt auf die Art der Probleme an und wie sehr diese bereits „eingefahren" sind. Je länger bestimmte Probleme und negative Gedankenmuster bereits existieren, umso schwieriger sind diese zu ändern. Es tritt dann ein zweiter, wichtiger Effekt auf. Das wiederholte Denken an die Probleme führt zu einer weiteren Verfestigung der negativen Gedankenmuster in Kombination mit Gefühlen und Körperreaktionen. Es vollzieht sich also eine weitere neuronale Bahnung. Mehr negatives Denken führt zu mehr negativen Gefühlen und mehr körperlichen Beschwerden. Deshalb ist es auch bei einer psychologischen Therapie wichtig, nicht zu lange

„Wenn du willst, was du noch nie gehabt hast, dann tu, was du noch nie getan hast." (N. Peseschkian)

bei der Problembeschreibung und Problemanalyse hängenzublei-
ben. Der Gedankenweg, der einen in die Beschwerden hineinge-
führt hat, eignet sich meistens nicht, um wieder herauszukommen.

Ressourcenaktivierung durch Achtsamkeit

Ein weiterer Aspekt gewinnt in diesem Zusammenhang noch an
Bedeutung. Wenn die Gedanken während des Gehens nur mit
Problemen und Sorgen beschäftigt sind, dann fehlt die Aufmerksamkeit für die Bewegung und die Eindrücke in der Natur. Das verhindert die Ressourcenaktivierung. Folglich unterscheidet sich das
Erlebnis nicht vom Training auf einem Laufband in der Wohnung,
was schade ist, wird doch genau das nicht genutzt, was Energie
zuführen kann.

**Die mentale Grund-
haltung ist entschei-
dend.**

Damit die positiven Effekte der Bewegung wirken können, bedarf
es einer bestimmten mentalen Grundhaltung. Diese Grundhaltung
wird durch die Achtsamkeitspraxis am besten beschrieben: mit der
Aufmerksamkeit im Hier und Jetzt zu bleiben, nicht bewertend,
akzeptierend und offen für Erfahrungen.

Frau Sorge hatte dies am gleichen Tag nach der Therapie versucht.
Sie nahm ihre Nordic-Walking-Stöcke und machte sich auf den

Weg, den gleichen Weg, den sie schon unzählige Male gegangen war. Diesmal aber mit einer anderen Einstellung und mit anderen Augen, Ohren und einer bewussteren Körperwahrnehmung. Gleich zu Beginn achtete sie auf ihren Bewegungsrhythmus und brachte diesen in Einklang mit der Atmung. Die Schritt-Atem-Kombination von drei Schritten einatmen und drei Schritten ausatmen fühlte sich am besten an. Sie blieb einige Minuten mit der Achtsamkeit beim Atmen und Gehen und stellte dabei fest, dass sie den Wechsel von Anspannung und Entspannung verschiedener Muskelgruppen in den Beinen, Armen und im Oberkörper bemerkte, die ihr bislang nie aufgefallen waren. Es war faszinierend und machte auch Spaß, Neues an sich zu entdecken, was doch ganz alltäglich war. Wie wenig wissen viele Menschen über sich selbst, wie viel gibt es noch zu erkunden. Frau Sorge bemerkte dies bereits nach wenigen Minuten des achtsamen Gehens.

Nach einigen Minuten begann jedoch der Geist zu wandern. „Habe ich alles für das Mittagessen eingekauft?", „Ich bin gespannt, ob mein Mann wieder meckert, wenn ich nach Hause komme." Diese und viel mehr negative Gedanken drängten sich auf einmal wieder auf, ohne Vorankündigung, ohne konkreten Auslöser. Vor einer Minute war sie mit der Aufmerksamkeit noch ganz bei der Bewegung und dem Atmen und plötzlich kommen diese Gedanken vom Alltag. Es dauerte einige Zeit, bis das Frau Sorge bewusst wurde, bis sie erkannte, dass sie mit den Gedanken nicht mehr beim Gehen, sondern ganz woanders war. Dieser Moment des Erkennens und Bewusstwerdens ist besonders wichtig. In diesem Moment stellt sich Achtsamkeit ein. Und es gelingt dann wieder, zurückzukehren zum Hier und Jetzt. Ohne Druck, ohne Ärger, einfach zurückzukehren zum Augenblick.

Frau Sorge lenkte die Aufmerksamkeit wieder auf das Gehen, die Bewegung der Arme, den Griff der Stöcke, das Aufsetzen der Füße auf den Untergrund, das Abrollen der Schuhe, den Wechsel von Spannung und Entspannung der Muskelgruppen und den gleich-

> *„Da zuckte aus entlegenen Bezirken seiner Seele, aus Vergangenheiten seines ermüdeten Lebens her ein Klang. Es war ein Wort, eine Silbe, die er ohne Gedanken mit lallender Stimme vor sich hinsprach, das alte Anfangswort und Schlußwort aller brahmanischen Gebete, das heilige „Om", das so viel bedeutet wie „das Vollkommene" oder „die Vollendung"."*
> *(Hermann Hesse, Siddhartha)*

mäßigen Atemrhythmus dabei, drei Schritte ein-, drei Schritte ausatmen.

Das Abdriften der Gedanken ist ganz normal, besonders wenn
man mit Achtsamkeitsübungen beginnt. Es kommt gar nicht darauf
an, für 10, 15 oder 30 Minuten vollkommen achtsam und ohne
Gedanken an den Alltag zu sein. Das ist nur nach jahrelangem
Üben möglich und sollte nicht als Ziel angepeilt werden. Denken
Sie daran, dass eine Grundhaltung der Achtsamkeit darin besteht,
Der Weg ist kein Ziel zu haben, sondern sich auf den Moment einzulassen,
das Ziel! gemäß dem Motto: „Der Weg ist das Ziel".

Frau Sorge konnte die achtsamen Phasen immer weiter ausdehnen
und die Achtsamkeit auch pendeln lassen zwischen Körperwahrnehmung, Atmung und Aufmerksamkeit für die Natur. Sie begann
mit der Körper- und Atemwahrnehmung und ging nach einigen Minuten zur bewussten, achtsamen Wahrnehmung der Umgebung,
der Natur über. Es gelang ihr genau wahrzunehmen, was zu se-

hen war, die verschiedenen Farben der Bäume und Sträucher, das
Spiel von Licht und Schatten, die Oberfläche des Sees, den sie
bei ihrer Runde umkreiste, das Glitzern der Sonnenstrahlen auf
dem Wasser, die spiegelglatte Oberfläche bei Windstille oder die
Wellen, wenn ein Wind über die Oberfläche strich. Dann auch
die Geräusche, das Klacken der Stöcke in ihrem gleichmäßigen
Rhythmus, das Zwitschern und Singen der Vögel, das Rauschen
des Windes im Blätterdach hoch über ihr. Auch die Gerüche der
Natur, die zu den verschiedenen Jahreszeiten ganz unterschiedlich
sind, im Frühling alles ganz frisch, im Sommer der harzige Geruch
der Kiefern, im Herbst die feuchte, schwere Luft des Bodens und
im Winter der kalte, trockene Geruch des Schnees.

All dies ganz intensiv aufzunehmen, ganz gewahr zu sein in jedem
Augenblick, das konnte Frau Sorge immer besser umsetzen. Sie
bemerkte dadurch eine ganz deutliche Veränderung.

Der Weg aus dem Labyrinth

Mit den psychologischen Strategien der Kognitiven Umstrukturierung, der Achtsamkeit und Ressourcenaktivierung fand Frau Sorge einen Weg aus dem Labyrinth der negativen Gedanken. Die
Wirkung konnte erst durch die Kombination dieser verschiedenen
Ansätze erreicht werden. Einer alleine war zu wenig. Das wurde
im Verlauf der Therapie deutlich. Zur kognitiven Umstrukturierung
und Selbstbehauptung verhalfen letztendlich die Achtsamkeitsübungen, einerseits durch das Abschalten der negativen Gedanken und andererseits durch die Förderung von Gelassenheit. Diese
wiederum führten zu einer Stärkung des Selbstwertgefühls. Frau
Sorge konnte ihre Bedürfnisse besser wahrnehmen und nach außen deutlicher vertreten, besonders ihrem Ehemann gegenüber.
Sie schaffte es auch, Widerstände besser auszuhalten. Dabei konnte sie zwischen selbstbewusstem Auftreten und Gelassenheit vari-
ieren, je nachdem was die Situation erforderte. Sie hielt es auch
aus, wenn ihr Mann „schwierig" war, und ließ ihn dann „ausspin-
nen". Das wäre früher durch ihr Harmoniebestreben undenkbar

**Stärkung des
Selbstwertgefühls
und der Selbst-
sicherheit**

gewesen, jetzt machte es ihr keine Sorgen mehr. Sie wusste, dass sie stärker geworden war und sich die Wellen nach einem Sturm wieder beruhigten. Diese innere Distanzierung von Konflikten half ihr dabei, Krisen frühzeitig abzufangen und dadurch ein besseres Eheleben zu führen. So trug die Selbstsicherheit von Frau Sorge auch dazu bei, dass ihr Ehemann ihre Wünsche mehr respektierte. Und indem sie sich selbst mehr respektierte, ihre Bedürfnisse ernster nahm und das Leben nach ihrem Rhythmus ausrichten konnte, nahmen auch die Beschwerden ganz beträchtlich ab. Sie hatte gelernt, aus den negativen Gedankenkreisen auszusteigen, nicht immer zu denken, sondern zu leben. Die Depression war nicht mehr zu diagnostizieren, die Schlafbeschwerden traten nur noch selten auf und auch die Schmerzen waren auf ein „erträgliches Ausmaß" abgesunken. Insgesamt erzielte Frau Sorge einen sehr schönen Therapieerfolg, man müsste sie jetzt eigentlich Frau Sorgenfrei nennen.

Der Mann und die Kälte: Angststörung

Beschreibung der Probleme

Herr Schnee ist 48 Jahre alt, verheiratet und wohnt mit seiner Frau in einem Haus in einer kleinen Stadt. Sie haben bereits vor längerer Zeit beschlossen, keine Kinder zu bekommen und führen eine glückliche Beziehung. Herr Schnee ist Künstler, freischaffender Maler für gegenständliche Kunst. Seine Frau arbeitet in einem Wirtschaftsunternehmen. Hobbys sind der Besuch kultureller Veranstaltungen, Lesen, Arbeiten in Haus und Garten sowie das Reisen. Kontakte mit der Familie und Freunden sind weitgehend

harmonisch, wenngleich die Familie immer wieder zu kleineren und größeren Belastungen führt, was jedoch nichts Ungewöhnliches ist. Im Kern bildet die Familie nicht nur ein wichtiges soziales Netzwerk, das bei Problemen zur Stelle ist und unterstützt, sondern auch eine Quelle kleinerer und größerer Konflikte. Davon kann wohl jeder ein Lied singen.

Soviel zum Hintergrund, aber was ist nun das Problem von Herrn Schnee? Herr Schnee beklagte eine seit vielen Jahren bestehende Angst vor extremer Kälte. Diese Angst betraf nicht ihn selbst, dass er eventuell frieren würde oder gesundheitliche Probleme bekäme. Auch nicht die Tatsache, dass er dann mehr zu Hause eingesperrt wäre und draußen weniger unternehmen könne. Das, was viele andere als negative Seite des Winters kennen, stellte für Herrn Schnee überhaupt kein Problem dar. Er konnte sich sogar an der bezaubernden Winterlandschaft erfreuen, wenn alles in eine dicke Schneedecke gehüllt ist, die Strahlen der Wintersonne glitzern und es ganz still wird. Aber was ihm sehr zu schaffen machte, war die Angst davor, dass extreme Kälte – wir sprechen hier von Temperaturen unter −10 °C, die in Österreich im Winter keine Seltenheit sind – so weit in das Haus eindringen könnte, dass es zum

Gefrieren der Wasserleitungen kommt. Die Angst bezog sich auch darauf, dass just an diesen Tagen die Heizung ausfallen würde und es dadurch zu Schäden an Wasserleitungen oder der Haustechnik kommen könnte. Diese Sorgen sind freilich nicht ganz unbegründet, können solche Schäden doch tatsächlich auch auftreten.

Die klinisch-psychologische Diagnostik

Angst vor Kälte

Bei Herrn Schnee ergab die klinisch-psychologische Diagnostik eine spezifische Phobie vor Kälte, die im internationalen Diagnostiksystem der Weltgesundheitsorganisation (WHO) mit dem Code F40.2 verschlüsselt wird. Die Angst äußerte sich in innerer Unruhe, Grübeln, körperlicher Anspannung bis hin zu Panikattacken. Bei Herrn Schnee hatten sich als Folgeprobleme eine leichte depressive Episode (F32.0) und eine nichtorganische Insomnie (F51.0) – eine Schlafstörung – entwickelt. Auf die Entstehung und den Verlauf wird im Folgenden noch eingegangen. Bei der Therapieplanung ergaben sich Kognitive Umstrukturierung, Achtsamkeitsmeditation und Neurofeedback als geeignete Ansätze.

Die Entstehung

Wie hat alles begonnen? Genau konnte Herr Schnee es gar nicht sagen, wann diese Angst das erste Mal aufgetreten war. Jedenfalls zählte er generell überhaupt nicht zu den ängstlichen Menschen und erfüllte keinesfalls das Klischee des sensiblen, etwas weltfremden Künstlers. Ganz im Gegenteil, er stand mit beiden Beinen fest im Leben und genoss es auch, handwerkliche Tätigkeiten in Haus und Garten zu verrichten. Neben der Angst vor Kälte gab es keine anderen Ängste, keine Platzangst (Agoraphobie) und keine Höhenangst. Jedoch waren als Folge der Angst auch depressive Verstimmungen entstanden. Diese traten nur in den kältesten Wochen des Jahres auf und verschwanden zu Beginn des Frühlings meistens rasch wieder.

depressive Verstimmung in Folge von Angst

Der Beginn der Ängste lag jedenfalls viele Jahre zurück, mindestens acht bis zehn. Der Verlauf war anfangs schleichend. Es gab Tage, an denen die Angst auftrat, dann wieder nicht. Das hing natürlich auch stark von den Witterungsbedingungen ab. Milde Winter empfand Herr Schnee als Genuss, extreme Winter als Graus, zumindest die Angst betreffend. Den Schnee konnte er ja gut leiden, sahen die Wiesen, Felder und Wälder auf dem Land doch sehr trostlos aus, wenn kein Schnee fiel und alles grau in grau und braun in braun getüncht war. Mit diesen Farben konnte zwar ein Maler durchaus etwas anfangen, jedoch wirken sie auf das Gemüt der meisten Menschen nicht sehr günstig. Einen klaren Auslöser gab es jedenfalls nicht, nur die üblichen technischen Probleme, mit denen sich jeder Hausbesitzer auseinandersetzen musste: Störungen beim Brennkessel, elektrische Fehlermeldungen oder Defekte bei einem Heizkörper. All das trat auch bei Herrn Schnee auf, erfreulicherweise aber nur alle paar Jahre und auch nicht häufiger oder dramatischer als bei anderen Menschen.

Auch wenn wir nicht wissen, wie genau die Angst entstanden war, sie hatte dann von Jahr zu Jahr zugekommen. Zunächst konnte sich Herr Schnee nach wenigen Tagen wieder beruhigen, sich vorsagen, dass nichts passieren würde. Auch seine Frau konnte ihn gut unterstützen und aus den negativen Gedankenschleifen herausholen. Das gelang aber immer weniger und schließlich führten die vergangenen Winter jeweils zu massiven Krisen. Die Krisen begannen schon im Herbst, ab November, wenn die ersten kalten Tage anbrachen. Jedem Wetterbericht wohnte eine Bedrohung inne, jede Kaltfront erschien wie ein Damoklesschwert, das über ihm schwebte. Warmfronten verhalfen zu kurzen Verschnaufpausen, die Angst blieb jedoch über den ganzen Winter zumindest im Hinterkopf bestehen, bis etwa Mitte März, wenn die Sonne wieder so viel Kraft gewann, dass die extreme Kälte gebannt war.

Negative Gedankenschleifen können zu massiven Krisen führen.

Dass solche Ängste vor großer Kälte und möglichem Schaden an der Haustechnik auftreten können, ist durchaus normal. Gedanken daran hatte wahrscheinlich fast jeder schon einmal. Aber diese

„Nicht die Dinge an sich beunruhigen uns, sondern die Gedanken, die wir uns über die Dinge machen."

Sorgen kommen und gehen wieder. Nicht so bei Herrn Schnee. Bei ihm wurden die negativen Gedanken immer stärker, bis sie ihn fast vollständig blockierten.

Wie konnte es dazu kommen, dass die Angst vor der Kälte überhand nahm? Hier kommen die Gedanken ins Spiel. Bei Herrn Schnee hatte sich über die Jahre ein bestimmtes Gedankenmuster entwickelt. Dieses bestand aus inneren Sätzen wie: „Kälte ist gefährlich", „Wenn es kalt wird, fällt die Heizung aus", „Es kommt zu ernsthaften Problemen im Haus".

Das Angstnetzwerk

Diese inneren Sätze werden auch automatische Gedanken genannt. Sie treten plötzlich und reflexhaft auf. Es genügen oft kleine Auslöser – in der Psychologie sprechen wir auch von Triggern –, damit diese Gedanken aktiviert werden. Sie sind fest im „Hinterkopf" – neurowissenschaftlich genauer im präfrontalen Cortex, im

vorderen Teil des Gehirns – verankert. Gemeinsam mit anderen Hirnbereichen, wie dem limbischen System, bilden sie ein neuronales Netzwerk, in dem die Angst eingebettet ist. Das Tückische daran ist, dass diese Gedanken nicht einzeln auftreten, sondern in einem Netzwerk-Verband. Viele verschiedene Gedanken gehören zu diesem Angst-Thema. Und jeder der Gedanken ist mit vielen weiteren Gedanken verbunden.

ein Netzwerk aus Gedanken

Es bleibt jedoch nicht bei den Gedanken alleine. Die Befürchtungen und Sorgen lösen intensive Gefühle aus. Gefühle von Angst, Hilflosigkeit, Depression oder auch Wut. Die Aktivierung dieser Gefühle ereignet sich blitzschnell innerhalb von wenigen Millisekunden und führt weiter zu Körperreaktionen wie Schwitzen der Hände, Herzklopfen und innere Unruhe. Die körperlichen Stressreaktionen haben wieder eine besondere Bedeutung im Gesamtablauf der Angst. Der Körper entscheidet über die Intensität der Gefühle, der Angst. Je mehr Aktivierung im Körper vorhanden ist, umso stärker wird die Angst wahrgenommen. Zusammengefasst heißt das, dass die Gedanken die Richtung der Gefühle bestimmen und die Aktivierung des Körpers für die Stärke der Gefühle zuständig ist.

Gefühle führen zu Körperreaktionen.

Wie kommt es aber dazu, dass die Angst so rasch aktiviert wird? Was die Psychologie schon seit längerem postuliert hat, konnten in den vergangenen Jahren neurowissenschaftliche Experimente eindrucksvoll bestätigen. Unser Gehirn ist ein extrem komplexes Netzwerk. Die Steuerung von Gedanken, Gefühlen und Körperreaktionen ist eng miteinander verzahnt. Je öfter und intensiver bestimmte Muster aktiviert werden, umso mehr werden diese geformt und verstärkt. Es kommt zur Bahnung der neuronalen Verbindungen, was dazu führt, dass diese in weiterer Folge wesentlich rascher und einfacher aktiviert werden können. Das Gehirn hat gelernt, in einer bestimmten Art und Weise zu denken, zu fühlen und mit bestimmten körperlichen Symptomen zu reagieren.

Wie kann man sich die Aktivierung bestimmter Muster im Gehirn vorstellen? Bestimmte Reize von außen oder innen (Trigger) lösen Gedanken oder auch Gefühle und Körperreaktionen aus. Es sind nicht immer Gedanken, die an erster Stelle stehen, wie wir bereits im Kapitel über die Emotionen festgestellt haben. Ein äußerer Reiz kann in unserem Fall ein Wetterbericht mit Ankündigung einer Kälteperiode sein oder die Erzählung eines Freundes über einen Schaden am Heizkessel. Innere Reize sind zum Beispiel Erinnerungen an vergangene Winter oder auch Gedanken aus der Phantasie, wie die Vorstellung eines Jahrhundertwinters mit einem katastrophalen Zusammenbruch der gesamten elektrischen Versorgung und damit auch der modernen Heizsysteme.

Besonders bei diesen inneren Gedanken entwickeln die meisten Menschen außerordentlich viel Phantasie, auch jene, die von sich behaupten, keine große Phantasie zu besitzen. Und je intensiver diese Gedanken ausgemalt werden, umso lebendiger erscheinen sie. Das Vorgestellte erweckt den perfekten Eindruck von Realität. Für unser Gehirn ist das auch der Fall, schließlich hat unser Gehirn keine Augen und Ohren. Das, was gedacht wird, ist für unser Gehirn Wirklichkeit, freilich eine selbst konstruierte Wirklichkeit, wie dies vom Konstruktivismus mit schönen Beispielen veranschaulicht wird (siehe S. 27).

Angst und ihre Folgeprobleme

Mit den eigentlichen Beschwerden ist es aber selten getan, es kommen meistens noch Folgeprobleme hinzu. Genannt seien zum Beispiel depressive Stimmungen, Schlafbeschwerden und psychosomatische Beschwerden wie Kopfschmerzen oder Verdauungsprobleme. In unserem Fall stellte sich bei Herrn Schnee auch eine leichte Depression ein, besonders in den Wintermonaten. Diese war von Hilflosigkeit und Hoffnungslosigkeit geprägt. Das Leben und die Beschwerden empfand er zunehmend als unkontrollierbar. Die Möglichkeiten, das Leben selbstbestimmt zu gestalten, verringerten sich immer mehr. Die Angst hatte ihn fest im Griff.

Die Entstehung der Angst und ihre Folgeprobleme

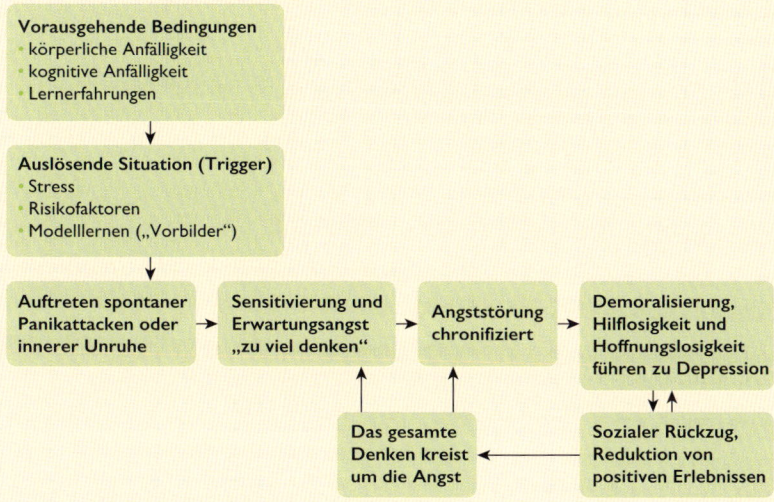

Zudem litt Herr Schnee unter Schlafbeschwerden, wobei er öfter bis zu einer Stunde benötigte, um einzuschlafen, und auch mehrmals in der Nacht munter wurde. Sowohl Depression als auch Schlafbeschwerden führen zu einer Verstärkung der Ängste. Das geschieht einerseits über die Intensivierung der negativen Gedanken durch die Depression und andererseits durch die gesteigerte Unruhe und Aktivierung aufgrund des Mangels an erholsamem Schlaf.

„Mach dir nicht so viele Gedanken"

Eine weitere Problematik kann durch wohlgemeinte Ratschläge entstehen. Ratschläge wie „Mach dir nicht so viele Gedanken" treffen zwar den Kern des Problems – zu viel denken –, bewirken aber eher eine Frustration des Betroffenen. Es gelingt ihm ja eben nicht, nicht mehr an das Problem zu denken. Gerade in Beziehungen kann es zu Konflikten führen, wenn der eine seine Ängste immer wiederholt und der andere zunehmend verzweifelt ist, nicht helfen zu können, oder in weiterer Folge auch verärgert wird und dies auch zeigt. Dabei sind beide Seiten durchaus zu verstehen. Die Seite des Ängstlichen, der sich mit seinen negativen Gedanken herumschlägt und weiß, dass diese überzogen sind. Und auch die Seite des Partners oder Freundes, der sich überfordert fühlt, da er keine Lösung parat hat. Nicht selten mündet diese Konstellation in einen ausgemachten Konflikt, der das Grundproblem des Betroffenen noch weiter verstärkt. Die Folge ist eine weitere Schieflage von Belastungen und Ressourcen. Die aufgrund der Ängste ohnehin starken Belastungen bekommen durch die Konflikte mit dem Partner noch mehr Gewicht. Die Ressourcen auf der anderen Seite der Waagschale, die schon bislang arg in Mitleidenschaft gezogen wurden, nehmen stetig ab. Die zuvor gute Partnerschaft, die eine Ressource darstellte, bröckelt immer weiter ab und bei andauernden Konflikten kann sie selbst zur Belastung werden.

Bei Herrn Schnee verlief die Beziehung zu seiner Frau erfreulicherweise weiterhin sehr gut und stabil. Wichtig dafür war die Grund-

Was kann ich tun, wenn mein Partner oder ein Freund psychische Probleme hat?

An dieser Stelle ein kleiner Rat an alle, deren Partner oder Freunde Probleme oder psychische Beschwerden haben: Machen Sie die Probleme des anderen nicht zu ihren eigenen. Grenzen Sie sich bewusst ab, sonst laufen Sie Gefahr, in den Strudel der Probleme hineingezogen zu werden, mit all den negativen Folgen. Eine gesunde Distanzierung ist hier wichtig, verbunden mit aufrichtiger Empathie und der Vermittlung eines emotionalen Rückhalts. Darüber hinaus können Sie den Betroffenen bei der Vermittlung professioneller Hilfe unterstützen, indem Sie Adressen und Webpages von Klinischen Psychologen und Ärzten suchen und hilfreiche Ratgeber zu dem Thema empfehlen. Sie können jedoch die Informationen nur anbieten, diese aufzugreifen und anzunehmen ist die Aufgabe desjenigen, der die Probleme mit sich herumträgt. Darin besteht auch der erste wichtige Schritt zur aktiven Problemlösung.

haltung seiner Frau, dass sie seine Probleme nicht lösen könne. Sie konnte jedoch eine emotionale Unterstützung geben, einen Rückhalt, und dadurch auch etwas Sicherheit vermitteln. Dass das eine sehr große Hilfe darstellt und gar nicht so wenig ist, wissen nur die Wenigsten. Viele Partner oder Freunde machen sich selbst verantwortlich für die Lösung des Problems, können aber daran nur scheitern. Sie scheitern nicht nur, da sie keine Experten sind, sie haben ja auch kein Studium der Psychologie absolviert. Sie würden das Problem auch als ausgebildete Psychologen nicht lösen können, gilt doch der Prophet im eigenen Land nicht viel. Das mag zwar bitter klingen, entspricht aber den Tatsachen und soll ein kleiner Trost für all jene sein, die sich für ihre Lieben engagieren.

Die Lösung: Der Weg aus der Kälte

Das Tückische an vielen Ängsten ist die Tatsache, dass die Befürchtungen durchaus tatsächlich eintreten können. Als Menschen sind wir auf verschiedene Ängste vorbereitet – man nennt das im Englischen „preparedness", was so viel wie „vorbereitet sein" oder „Anfälligkeit" bedeutet. Dazu zählen die Angst vor großer Höhe, dunklen Räumen oder gefährlichen Tieren. Auch die Angst vor Krankheit gehört zu den typischen Beispielen. Angst vor Kälte existiert zwar nicht so häufig, passt jedoch gut in das Bild der „preparedness", schließlich ist es für den Menschen wichtig, sich vor extremer Kälte zu schützen. Und um eine Situation als gefährlich einzustufen, dafür ist Angst eine notwendige Voraussetzung. Ohne Angst hätte die Spezies Homo sapiens schließlich nicht lange überlebt.

Mit positivem Denken wie „Es passiert nichts; alles ist gut" kommt man bei den meisten Ängsten nicht weiter. Solche Gedanken helfen nur, wenn die Ängste schwach ausgeprägt sind und sich noch nicht im Bewusstsein eingespeichert haben, wenn neuronale

Positives Denken allein hilft bei Ängsten nicht.

Bahnung und Verfestigung noch nicht stattgefunden haben. Wenn negative Gedanken fest im Bewusstsein verankert sind, bedarf es anderer Strategien, um den Kopf freizubekommen.

Kognitive Umstrukturierung

Die kognitive Umstrukturierung verwendet die Psychologie als Standardmethode, um aus negativen Gedankenkreisläufen auszubrechen. Automatische Gedanken werden dabei analysiert und auf ihre Gültigkeit hin überprüft. Das geschieht in verschiedenen Schritten (siehe S. 78). Zunächst erfolgt eine Bestandsaufnahme, in der versucht wird, den automatischen Gedanken auf die Spur zu kommen. Danach werden diese auf ihre Glaubwürdigkeit hin überprüft und Argumente gegen die negativen Gedanken gesucht. Als Resultat kommt es zu einer Veränderung der negativen Gedankenmuster und dadurch zu einer Verbesserung der Stimmung und des Wohlbefindens.

automatische Gedanken analysieren und überprüfen

Herrn Schnee trieben verschiedene negative Gedanken um wie: „Kälte ist gefährlich", „Wenn es kalt wird, fällt die Heizung aus", „Es ist eine Katastrophe, wenn es zu einem technischen Schaden kommt", „Ich bin der Kälte ausgeliefert". Es gab noch wesentlich mehr solcher negativer Gedanken, die sich zu einem sogenannten kognitiven Schema bündelten. Dieses Schema bestand aus dem Kerninhalt, dass Kälte gefährlich ist, zu Störungen der Heizung führt und dies eine Katastrophe sei.

Kognitive Umstrukturierung

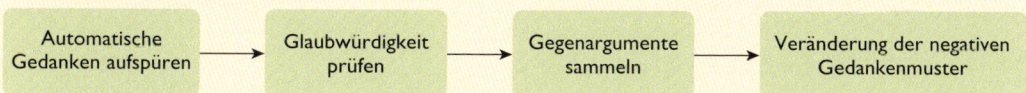

Automatische Gedanken aufspüren → Glaubwürdigkeit prüfen → Gegenargumente sammeln → Veränderung der negativen Gedankenmuster

Die Bestandsaufnahme gelang Herrn Schnee sehr gut. Da er sich bereits seit vielen Jahren mit dem Problem und seinen Gedanken auseinandergesetzt hatte, konnte er sehr gut abrufen, welche negativen automatischen Gedanken auftraten und welche Gefühle und körperlichen Stressreaktionen diese auslösten. Das Finden von Argumenten gegen die negativen Gedanken fiel ihm jedoch schwerer. Wie ich bereits im Abschnitt 1 ausgeführt habe, sind bei den meisten Personen die negativen Gedanken so festgefahren (ge-

Das Übungsprotokoll zur kognitiven Umstrukturierung

Situation	Automatische Gedanken Glaubwürdigkeit der Gedanken von 0–10 0 = nicht glaubwürdig 10 = extrem glaubwürdig.	Gefühle und Körperreaktionen Intensität von 0–10 0 = nicht vorhanden 10 = extrem vorhanden.	Alternative Gedanken	Resultat Was hat sich durch die alternativen Gedanken verändert?
Extreme Kälte wird vorhergesagt.	„Die Heizung wird einfrieren." (7) „Das ist eine Katastrophe." (8) „Ich bin der Kälte ausgeliefert." (10)	Angst (9) Hilflosigkeit (10) Unruhe, Anspannung, Herzklopfen (7)	„Die Heizung ist gut in Schuss, es ist alles überprüft." „Bei einem Problem kann ich selbst einiges tun." „Wenn ich das Problem nicht lösen kann, rufe ich den Klempner." „Wenn die Heizung ausfällt, kann ich den Kachelofen einheizen."	Gedanken: „Die Heizung wird einfrieren." (5) „Das ist eine Katastrophe" (2) „Ich bin der Kälte ausgeliefert" (2) Gefühle, Körper: Angst (3) Hilflosigkeit (2) Unruhe (2)

bahnt), dass ein anderes, positiveres Denken kaum möglich ist. Mit etwas Unterstützung gelang es Herrn Schnee dennoch, einige Argumente zu finden, die gegen die automatischen Gedanken sprachen. Die Bewertung zum Schluss zeigte sehr klar, dass die Glaubwürdigkeit der negativen Gedanken abgenommen hatte. Das führte zu einer deutlichen Reduktion der Angst und der körperlichen Anspannung, eine Reduktion auf ein Maß, das gut aushaltbar war (siehe Protokoll, S. 162).

Sind die negativen Gedanken glaubwürdig?

Die Übungen der kognitiven Therapie hatte Herr Schnee in weiterer Folge regelmäßig umgesetzt und festgestellt, dass es ihm dadurch gelang, immer besser aus den negativen Schemata auszusteigen. Und trotzdem blieb ein Rest an negativem Denken. So wertvoll diese Strategie war, so kann sie doch den letzten Funken Zweifel – „Es könnte ja doch zu einem wirklichen Problem kommen" – nicht auslöschen. Um dies zu erreichen, bot sich die Achtsamkeitsmeditation an.

Achtsamkeitsmeditation

Die Achtsamkeitsmeditation hat das Ziel, Gedanken kommen und gehen zu lassen, ohne zu analysieren und zu bewerten. Durch die Grundhaltungen der Achtsamkeit wird ein Bewusstseinszustand hergestellt, der die Aufmerksamkeit auf den Augenblick fokussiert und durch das Nicht-Streben – kein Ziel zu haben – den Kopf frei von Gedanken macht. Herr Schnee hatte bereits früher Meditationsübungen probiert, die zwar angenehm waren, jedoch den Kopf nicht freimachten. Mit der Achtsamkeitsmeditation, die eine spezielle Form der Meditation ist, fiel es ihm jedoch wesentlich leichter, in einen gedankenleeren Zustand einzutauchen. Schließlich bestand das Ziel dieser Übung darin, nicht immer zu denken.

Aufmerksamkeit auf den Augenblick fokussieren

Bei anderen Meditationsübungen werden die Gedanken bewusst auf ein Objekt oder eine Situation gelenkt – ein Wort oder ein

Eine geführte Meditation ist sinnvoll.

Bild – und dadurch andere (negative) Gedanken für den Zeitraum der Meditation blockiert. Diese Blockade funktioniert, solange die Konzentration auf das Objekt anhält. Fällt die Konzentration und „Gedankenblockade" weg, treten die automatischen Gedanken reflexhaft wieder auf. Hier geht die Achtsamkeitsmeditation einen anderen Weg, bei dem es um das Loslassen aller Gedanken geht.

Zum Einstieg in die Achtsamkeitsmeditation hatte Herr Schnee an einer geführten Meditation teilgenommen, um eine Vorstellung von der Art der Übungen zu erlangen. Das läuft ähnlich wie bei anderen Entspannungsübungen ab, mit Ausnahme der aufrechten Sitzhaltung, die am besten auf einem Sitzkissen eingenommen wird. Als Psychologe leite ich dabei die Übung an, anfangs mit mehr Information und in weiterer Folge mit immer längeren Pausen, damit die Grundhaltungen selbst umgesetzt werden können. Die geführte Achtsamkeitsmeditation ist auch deshalb sinnvoll, da sofort auf ungünstige Strategien eingegangen und gegengesteuert werden kann. Häufig gerät beispielsweise die aufrechte Sitzhaltung nach einigen Minuten in Vergessenheit und die Person sinkt etwas zusammen. Oder das Gegenteil tritt ein mit einer zu aufrechten Haltung und hochgezogenen Schultern. Kurze Hinweise wie „Sie sitzen ganz aufrecht und würdevoll, bei jedem Einatmen richtet sich der Oberkörper auf und bei jedem Ausatmen entspannen sich die Schultern" helfen dabei, die Grundprinzipien immer mehr zu verinnerlichen. Die Übungen mit Schritt-für-Schritt-Anleitung und **Audio-CD** habe ich ausführlich in meinem Buch **„Mein Weg in die Entspannung"** beschrieben.

Für die Übungen zu Hause ist eine Audio-CD empfehlenswert. Die Achtsamkeitsmeditation dauert zwischen 15 und 45 Minuten, wobei vor allem für Einsteiger die 15-Minuten-Varianten zunächst ausreichen, damit es nicht zu Überforderung oder Langeweile kommt. Herr Schnee übte für einige Wochen regelmäßig mit der CD ein- bis zweimal pro Tag. Nach ungefähr einem Monat führte er die Übungen auch ohne CD durch, wobei er eine Auffrischung mit CD-Anleitung von Zeit zu Zeit als sehr angenehm empfand.

Herr Schnee war grundsätzlich ein kritischer Mensch. Er zeigte sich zwar offen für neue Informationen, hinterfragte diese jedoch und lies sich nicht so rasch auf andere Denkweisen ein. Deshalb bot sich in Kombination mit der Achtsamkeitsmeditation auch das Neurofeedback an. In unserem Fall waren besonders zwei Aspekte wichtig: erstens durch die Neurofeedback-Analyse zu verstehen, was im Gehirn vorgeht und welche Fehlfunktionen vorhanden sind, und zweitens bei den Neurofeedback-Übungen zu sehen, welche Kontrolle über das Gehirn möglich ist. Das führte unmittelbar zu einer Verbesserung der Selbstkompetenz sowie des Wohlbefindens und beschleunigte darüber hinaus den Therapiefortschritt.

Neurofeedback für die Kontrolle des Gehirns

Neurofeedback

Mit Neurofeedback ist es möglich, einen Blick in das eigene Gehirn zu werfen und zu lernen, bestimmte Gehirnwellen gezielt zu beeinflussen. Wenn es um Entspannung geht, besteht das Ziel meistens darin, Alpha-Wellen zu erhöhen, die einem entspannten Wachzustand entsprechen. Wenn das Problem mit zu viel Denken und Nicht-abschalten-Können zusammenhängt, wie dies bei Ängsten häufig der Fall ist, dann gilt es vielfach, die High-Beta-Wellen (schnelle Wellen im EEG) zu erhöhen.

Die Analyse der Gehirnwellen: Die Neurofeedback-Diagnostik
Die Neurofeedback-Diagnostik – die Analyse der Gehirnaktivität beim Denken und Entspannen – ergab bei Herrn Schnee deutlich erhöhte High-Beta-Wellen im Ruhezustand, und zwar im präfrontalen Cortex, jenem Gehirnareal, das für logisches Denken und Problemlösen zuständig ist (siehe Abb., S. 166). Das Gehirn arbeitete zu hochtourig. Generell sollten High-Beta-Wellen nicht erhöht sein, nicht bei Konzentration und besonders nicht bei Entspannung. Eine Erhöhung ist ein Zeichen für Ängstlichkeit, Sorgen und Gedankenkreisen. Das passte auch zu der Beschreibung, dass sein

Gehirn ständig „unter Volllast" arbeitete und er gedanklich nicht abschalten könne.

Zusätzlich war die Alpha-Aktivität zu gering ausgeprägt. Die normale Verteilung von Alpha-Wellen mit einer Zunahme von frontal zu parietal (von Stirn zu Hinterkopf) war bei Herrn Schnee nicht erkennbar. Die Alpha-Wellen nahmen hier ab, umgekehrt nahmen Beta-Wellen von frontal zu parietal zu. Das wies auf eine Fehlsteuerung im Gehirn hin. Im gesunden Gehirn sollte die Verteilung genau umgekehrt sein. Das Zuviel an Beta-Wellen im Parietalbereich kann hier auch als zu viele „Gedanken im Hinterkopf" interpretiert werden. Insgesamt bestätigte die Neurofeedback-Diagnostik eine erhöhte Aktivierung des Gehirns im Ruhezustand.

Es war für Herrn Schnee eindrucksvoll, auf dem Bildschirm genau das schwarz auf weiß zu sehen, was er seit vielen Jahren erlebte. Die Bestätigung der „Hochtourigkeit" seines Gehirns machte seinen Zustand verständlich und lieferte endlich eine Erklärung für seine Beschwerden. Dadurch konnte er sich noch besser auf die Therapie einlassen.

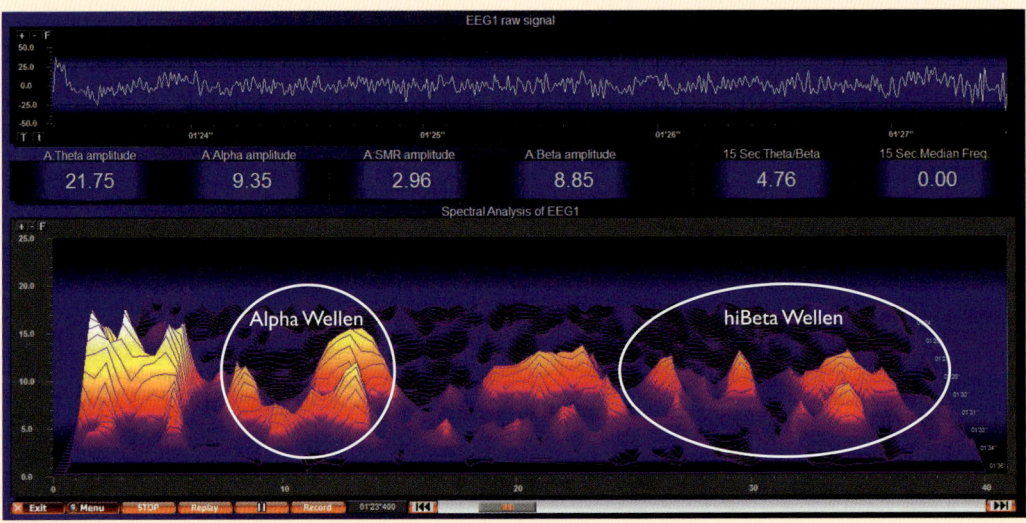

Neurofeedback-Diagnostik Herr Schnee: Die High-Beta-Wellen sind deutlich erhöht.

Die Gehirnwellen gezielt verändern:
Die Neurofeedback-Therapie

Aufgrund dieser Analyse war eine Erhöhung von Alpha-Wellen parietal (Hinterkopf) und eine Reduktion von High-Beta-Wellen frontal (Vorderkopf) sinnvoll. Bei der Neurofeedback-Therapie wird ein harmonisches Zusammenspiel der verschiedenen Gehirnwellen angestrebt. Die Auswahl der Therapieschirme erfolgt so, dass die gewünschten Wellen gezielt beeinflusst werden können. Die Neurofeedback-Schirme für Herrn Schnee sind in der folgenden Abbildung dargestellt.

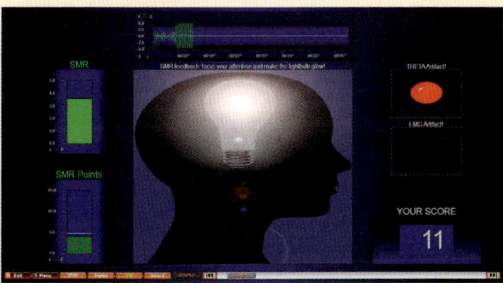

Neurofeedback-Therapieschirme (NeXus-10 Mark II System der Firma Mind Media): Durch die Veränderung der Gehirnwellen wird die Animation am Bildschirm gesteuert. Auf der linken Seite führt die Reduktion von High-Beta zur „Erleuchtung". Auf der rechten Seite führt ein ruhiger, konzentrierter Zustand dazu, dass sich das Puzzle zusammenfügt.

Aber wie funktioniert es konkret, die Gehirnwellen zu beeinflussen? Herr Schnee erhielt zunächst eine Erklärung der verschiedenen Abbildungen auf dem Bildschirm. Rasch erkannte er, welche mentalen Veränderungen zu welchen Veränderungen der Gehirnwellen führten. Wenn er ganz ruhig wurde und der Kopf für einige Sekunden ganz frei, dann traten Alpha-Wellen auf. Wenn er verbissen versuchte, die Darstellung auf dem Bildschirm zu verändern, dann verstärkte das die High-Beta-Wellen.

mentale Veränderungen → Veränderungen der Gehirnwellen

Jede Therapiephase wird vom Neurofeedback-Therapeuten begleitet. Das Neurofeedback ist nur so gut wie der Neurofeedback-Therapeut. Das gilt im gleichen Maße für alle Therapiegeräte: Bei all dem Fortschritt der Technik braucht es weiterhin den Menschen mit seinem Wissen und vor allem der therapeutischen Kompetenz der Beziehungsgestaltung zum Patienten, um eine wirkungsvolle Therapie gewährleisten zu können.

Kontrolle der eigenen Gehirnwellen

In den weiteren Neurofeedback-Sitzungen ging es um die Entwicklung der Kontrolle der Gehirnwellen. Herr Schnee lernte immer besser, einen Alpha-Zustand herzustellen. Dabei kombinierte er das Neurofeedback mit Achtsamkeitsmeditation, die er regelmäßig zu Hause übte. Das Feedback über den Monitor half ihm dabei, rascher in den Alpha-Zustand zu kommen und diesen auch über einen längeren Zeitraum aufrechtzuerhalten. So lernte er immer besser, ein Abdriften in High-Beta-Wellen (Gedankenkreisen) zu stoppen und wieder zum achtsamen, gelassenen Zustand der Alpha-Wellen zurückzukommen.

Da Herr Schnee zweimal täglich eine Achtsamkeitsmeditation durchführte, konnte er bereits nach wenigen Neurofeedback-Einheiten die Gehirnwellen gut kontrollieren. In der Abbildung sind

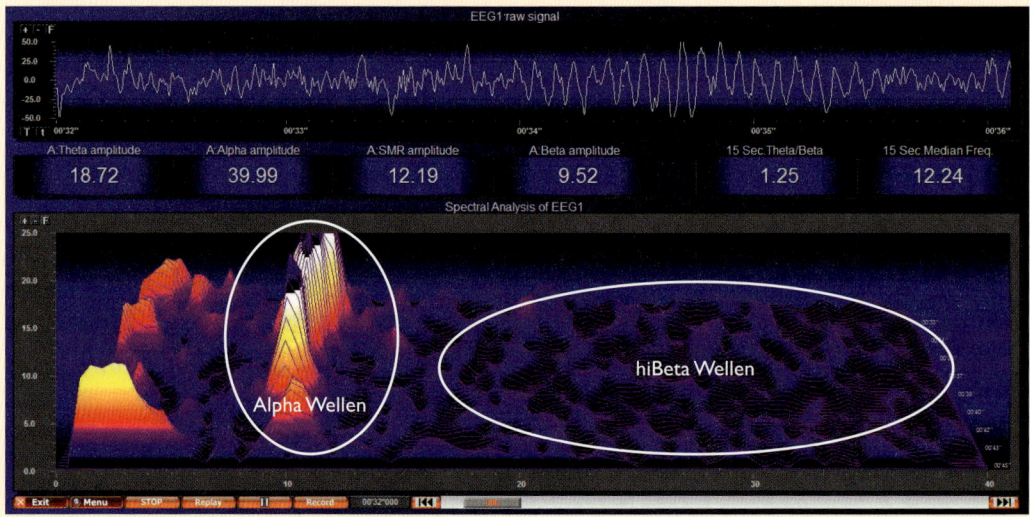

Veränderung der Gehirnwellen durch Neurofeedback und Achtsamkeitsmeditation: Die High-Beta-Wellen sind im Vergleich zur Messung vor der Therapie (vorangehende Abb.) deutlich abgesunken, Alpha ist gestiegen.

die Veränderungen des EEG deutlich zu erkennen. Er beschrieb, dass sein Kopf zunehmend freier wurde, während der Übungen über weite Phasen „keine Gedanken" vorhanden waren und dadurch die Gedanken und Sorgen immer weiter in den Hintergrund traten. Stattdessen fühlte er sich allgemein wohler, entspannter und gelassener.

Ergebnis

Die Therapie bei Herrn Schnee verlief wie ein Paradebeispiel und kann für einen Psychologen kaum befriedigender ausfallen. Der Beginn lag in einer sehr schwierigen Phase, als es ihm extrem schlecht ging. Sowohl die Ängste als auch die Depression und Schlafbeschwerden hatten ihn „fest im Würgegriff". Der Einstieg war jedoch bereits sehr positiv. Er fühlte sich nach der ausführlichen klinisch-psychologischen Diagnostik und der gemeinsamen Therapieplanung sehr gut aufgehoben in der Praxis. Als kritisch denkendem Menschen war es ihm wichtig, möglichst viel Hintergrundwissen zu erlangen, über die psychologischen Mechanismen der Angst und Depression, über die Wechselwirkungen von Psyche und Körper. Der große Zusammenhang im Leben wurde nicht aus dem Blick verloren und die Einbettung der Beschwerden in Familie, Beruf und Freizeit kam immer wieder zur Sprache. Das half ihm dabei, die Strategien des „Nicht immer Denkens" gut im Alltag einzusetzen. Die Angst vor der Kälte stellte bei Therapieende kein Problem mehr dar. Sie trat zwar hin und wieder auf, Herr Schnee hatte nun jedoch Strategien in der Hand – oder besser im Kopf –, mit diesen Ängsten umzugehen, diese zu managen. Die Angst, die Herr Schnee auf der visuellen Analogskala (0 = kein Angst, 10 = extreme Angst) vor der Therapie bei 8–9 einordnete, war bei Therapieende auf 1–2 gesunken, ein Wert, mit dem er sehr gut leben konnte.

Wie entwickelten sich die Folgeprobleme, die Depression und die Schlafbeschwerden? Die Depression war nicht mehr diagnostizierbar, es traten lediglich kurze melancholische Phasen auf, die

Strategien des „Nicht immer Denkens" im Alltag einsetzen

sich innerhalb einer Stunde wieder auflösten. Durch die verbesserte Selbstwahrnehmung konnte er erste Anzeichen einer depressiven Stimmung erkennen und der Entwicklung einer negativen Spirale frühzeitig entgegenwirken. Zugleich waren auch die Schlafbeschwerden fast nicht mehr vorhanden. Hatte er zuvor oft stundenlang wach im Bett gelegen, so konnte er nun ganz normal einschlafen und wachte nur noch selten in der Nacht auf. Auch dann wusste er, wie er durch Achtsamkeit den Gedankenstrom wieder abschalten konnte, um ins Land der Träume zurückzugleiten.

Mit Volllast auf Talfahrt: Burnout, Schlafstörung und psychosomatische Beschwerden

Bestandsaufnahme

Herr Kopf ist Manager eines großen Produktionsbetriebes, 55 Jahre alt, verheiratet und hat zwei erwachsene Kinder. Er lebt mit seiner Ehefrau, die im Marketing einer öffentlichen Institution arbeitet, in einem Haus in einer mittelgroßen Stadt. In diesem Haus fühlte er sich generell sehr wohl. Allerdings traten die Wohlfühlphasen in den vergangenen zwei Jahren immer seltener ein. Die Lebensfreude hat sich im Verlauf dieser Zeit auf einen Tiefpunkt zubewegt. Freilich gab es dazwischen auch Highlights, diese waren, im Rückblick betrachtet, jedoch nur kleine Erhebungen auf einem Trend, der beständig abwärts zeigte. Dass dieser mit der Abwärtsphase

seines (überschaubaren) Aktienportfolios annähernd parallel verlief, passte in das Gesamtbild. Diese beiden Entwicklungen hatten zwar nicht viel miteinander zu tun, er machte sich bezüglich der Aktien keine Sorgen, es war aber für die Stimmung auch nicht förderlich, der Geldanlage bei der Talfahrt zuzusehen.

Einer Talfahrt kam auch der allgemeine Zustand gleich, psychisch, körperlich und auch hinsichtlich des Sozialverhaltens. Er konnte schon seit zwei Jahren nicht mehr gut schlafen. Beim Einschlafen wälzte er „tausend Gedanken", an die Arbeit, an die Gesundheit, an die Zukunft, mitunter zwei Stunden lang. Und auch dann war der Schlaf nicht erholsam. Er wachte mehrmals pro Nacht auf und blieb dann bis zu einer Stunde wach liegen, wälzte sich von einer Seite auf die andere, den Kopf voll mit unzähligen Dingen. Am Morgen hatte er das Gefühl, kaum geschlafen zu haben. Es war so, als wäre der Kopf die ganze Nacht „auf Volllast" gelaufen, um am Morgen „wie ein Zwölftakter" so richtig anzuspringen. Sofort richteten sich alle Gedanken auf die Arbeit, was an diesem Tag zu erledigen war, welche Probleme ihn erwarteten. Gleichzeitig erlebte er ein Gefühl der Überforderung. „Ich werde es nicht schaffen. Ich fürchte mich davor, was heute wieder auf mich zukommt. Was wird bloß wieder passieren?" Diese Gedanken waren jeden Morgen ganz plötzlich da, genauso wie die Sorge um die Gesundheit: „Ich bin viel zu müde, um eine gute Leistung zu bringen. Ich fühle mich total abgeschlagen. Mein Körper spielt verrückt." Tatsächlich zeigten sich bei Herrn Kopf eine Reihe psychosomatischer Beschwerden: Kopfschmerzen, Herzrasen, Schwitzen und auch Schwindel.

zahlreiche psycho-somatische Beschwerden als Folge

All das, die Zweifel an sich selbst, die fehlende Energie, die Beschwerden, waren für Herrn Kopf vollkommen neu. So etwas hatte er in seinem ganzen Leben nicht gekannt, nicht in diesem Ausmaß. Selten gab es einen Tag, an dem er etwas müde war, und zwei- bis dreimal im Jahr hatte er leichte Kopfschmerzen. Aber das, diese Intensität und Hartnäckigkeit der Beschwerden und vor allem die fehlende Energie und Lust an der Arbeit, machte ihm wirklich zu schaffen. Er kannte sich so nicht und verstand auch nicht, wie es so weit kommen konnte. Selbstzweifel plagten ihn. „Bin ich einfach zu alt für die Position des Geschäftsführers? Gehöre ich zum alten Eisen? Habe ich etwas falsch gemacht?" So viel er auch diese Gedanken im Kopf herumwälzte, er konnte keine befriedigenden Antworten und keinen Ausweg aus den Gedankenschleifen finden. Auch wenn er nicht verstand, was mit ihm geschah, so hatte er doch einen Verdacht. Und dieser Verdacht bezog sich auf seinen Betrieb.

kein Ausweg aus den Gedankenschleifen

Ursachen des Burnout: Wie betriebliche Strukturen das Leben schwer machen

Herr Kopf arbeitete seit seiner Lehrzeit in diesem Betrieb und hatte das Geschäft von der Pike auf gelernt. Er hatte verschiedene Abteilungen durchlaufen, Fortbildungen gemacht und wurde von seinen Vorgesetzten gefördert, die das Potenzial in ihm sahen. So arbeitete er sich Schritt für Schritt nach oben. Seit zehn Jahren stand er an der Spitze des Unternehmens, über ihm nur noch der Vorstand. Er hatte auch ein gutes Team um sich herum aufgebaut. Auf seine Mitarbeiter, von den Führungskräften bis zum einfachen Arbeiter, konnte er sich immer verlassen. Mit dem Vorstand hatte er bis vor einigen Jahren ein gutes Auskommen. Ihm wurde weitgehende Entscheidungsfreiheit bei seinen operativen Entscheidungen eingeräumt, Vorstandsbeschlüsse waren im Allgemeinen eine Formsache.
Doch seit einigen Jahren, mit ausgelöst durch die erschwerten wirtschaftlichen Bedingungen der allgemeinen Krise, war es notwendig, strategisch wichtige Veränderungen anzustoßen und voranzutreiben. Und genau bei diesem Thema taten sich erstmals Schwierigkeiten in der Kommunikation mit dem Vorstand auf. Herr Kopf hatte sich schon seit Jahren Gedanken gemacht, wie es mit dem Unternehmen weitergehen konnte, schon vor der Zeit der Wirtschafts- und Finanzkrise. Ihm war bewusst, dass auch sein Unternehmen für die zukünftigen Veränderungen vorbereitet sein

sollte, um zu agieren und nicht zu reagieren. Viele Beispiele von internationalen Betrieben zeigen auf dramatische Weise, dass es nicht ausreicht, sich auf den Lorbeeren auszuruhen und bei einer einmal erfolgreichen Geschäftsidee zu bleiben. „Innovate or die" ist ein Slogan, der in diesem Zusammenhang gerne verwendet wird. Zu den Unternehmen, die es verpasst haben, den Zug der Zeit zu erkennen, gehören unter anderem Nokia und Blackberry, die den Smartphone-Trend verschlafen haben, Autofirmen, die die Ökologisierung der Gesellschaft und Politik zu lange bagatellisierten, und auch Zeitungen, wie die Frankfurter Rundschau, ein Traditionsblatt, das Ende 2012 Insolvenz anmelden musste. Und auch bei anderen Betrieben haben Internet und Co. vieles revolutioniert. Wenn man es positiv formuliert, handelt es sich um Herausforderungen, sich neu zu positionieren und kreativ zu werden. Das war Herrn Kopf bewusst und entsprach auch normalerweise seiner Einstellung und Überzeugung. Diesmal konnte er aber nicht so agieren, wie er es für richtig hielt. Die Vorschläge wurden vom Vorstand jedes Mal abgelehnt, er wurde vertröstet und aufgefordert, sich noch mehr Gedanken zu machen. Wie er es auch immer aufbereitete und präsentierte, die Vorstandsmitglieder reagierten immer gleichermaßen. Von Sitzung zu Sitzung steigerte sich seine Unsicherheit und er konnte bereits Nächte davor nicht mehr gut schlafen. In der Nacht, wenn er nicht schlafen konnte, ging er nochmals die Präsentationen durch, überlegte mögliche Reaktionen und Antworten, versuchte sich auf alle Eventualitäten vorzubereiten. Er merkte, wie er immer unausgeglichener wurde, weniger belastbar, leichter gereizt und zunehmend unsicher: „Warum nimmt der Vorstand meine Vorschläge nicht auf? Soll ich aus dem Unternehmen hinausgemobbt werden? Werde ich solange getriezt, bis ich das Handtuch werfe?" Auf diese Fragen fand er selbst keine befriedigenden Antworten. Als Teil des Systems war es ihm nur möglich, im System zu denken. Und besonders in der Situation voller Zweifel, Anspannung und Beschwerden brachte er nicht die Fähigkeit auf, alternative Sichtweisen einzunehmen.

Zweifel, Anspannung und Beschwerden

Er wünschte sich seit einiger Zeit nichts sehnlicher, als nicht immer denken zu müssen. Dazu passte ein Song der von ihm geschätzten Band Depeche Mode mit dem Titel „Enjoy the silence", der ihn wie ein Ohrwurm tagtäglich begleitete. Das Video vor Augen, bei dem ein König (der Leadsänger Dave Gahan) alleine auf einen Berg geht, um sich dort in einem Liegestuhl niederzulassen und die Stille zu genießen, dachte Herr Kopf: „Wie schön wäre es, von allem weit weg zu sein, nichts tun zu müssen, einfach abzuschalten."

Klinisch-psychologische Diagnostik

Die Analyse der Beschwerden von Herrn Kopf ergab ein Burnout (Z73.0) mit ausgeprägter Schlafstörung (F51.0), einer leichten depressiven Episode (F32.0) und verschiedenen psychosomatischen Beschwerden, vor allem Kopfschmerzen und Schwindelzustände. Der Burnout-Prozess hatte vor etwa vier Jahren begonnen und wurde durch die schwierige wirtschaftliche Lage ausgelöst. Der Fragebogen zum Arbeitsverhalten (AVEM) offenbarte ein typisches Burnout-Muster: ein stark überdurchschnittliches Arbeitsengagement und beruflicher Ehrgeiz kombiniert mit mangelnder Distanzierungsfähigkeit und geringer Ruhe und Erholung (siehe Abb. S. 176).

Analyse des Arbeitsverhaltens

Mit diesem Persönlichkeitsprofil und der damit verbundenen Arbeitshaltung war der Weg geebnet für das Überschreiten der eigenen Limits. Eigene Bedürfnisse wurden dann zugunsten der beruflichen Ziele zurückgestellt, wobei die Ziele mitunter dermaßen hochgesteckt waren, dass sie nur mit maximalem Energieeinsatz oder auch gar nicht erreicht werden konnten. Und genau das trat bei Herrn Kopf ein. Solange die subjektive Kontrolle und die Erfolge vorhanden waren, kam er mit diesem Leben an der Grenze des Limits über eine gewisse Zeit hinweg zurecht. Ein kritischer Zustand trat ein, als der Vorstand den Handlungsspielraum einschränkte und für Herrn Kopf die Situation damit nicht mehr kontrollierbar war. Wichtige Veränderungen konnten nicht vorange-

Auswirkungen auf die Gesundheit

trieben werden, Erfolge blieben aus. Aber dennoch bestand der Erwartungsdruck weiter fort, sowohl vom Vorstand als auch von sich selbst. Die Auswirkungen auf die Gesundheit waren deutlich nachvollziehbar. Das verstärkte Grübeln und die körperliche Unruhe lösten Schlafstörungen aus, die sich sowohl in Problemen beim Einschlafen als auch beim Durchschlafen zeigten. Die Unkontrollierbarkeit der Situation führte auch zur Entwicklung einer leichten Depression, die wiederum den sozialen Rückzug auslöste. Er hatte einfach keine Lust, sich mit Freunden zu treffen. Dass dadurch weniger positive Erlebnisse vorhanden waren, führte im Sinne eines Teufelskreises zur weiteren Aufschaukelung der Depression.

Die Testung der kognitiven Leistungsfähigkeit ergab leicht unterdurchschnittliche Werte bei Konzentration und Gedächtnis. Das passte zu den Schilderungen von Herrn Kopf, wonach er in der Arbeit „zerstreuter" war, mehr Fehler machte und sich insgesamt mehr anstrengen musste. Diese zusätzliche Anstrengung kostete wiederum Energie, die aber gar nicht mehr vorhanden war. So schloss sich der Kreis und die Abwärtsspirale drehte sich schneller und schneller.

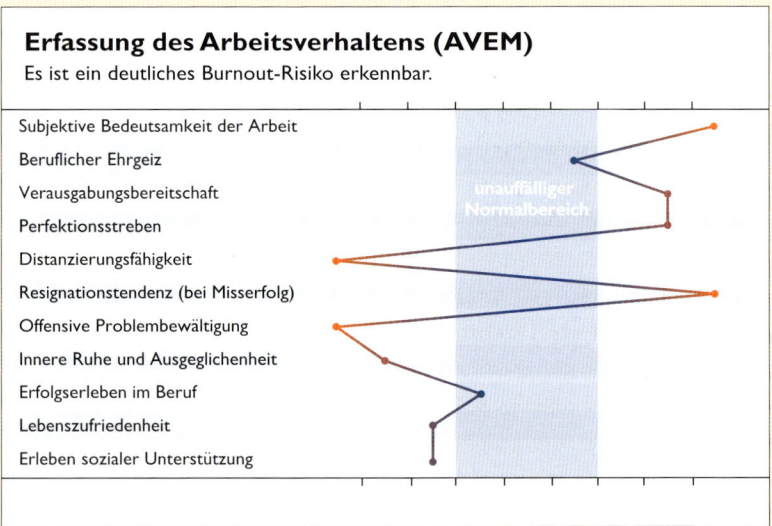

Erfassung des Arbeitsverhaltens (AVEM)
Es ist ein deutliches Burnout-Risiko erkennbar.

unauffälliger Normalbereich

Subjektive Bedeutsamkeit der Arbeit
Beruflicher Ehrgeiz
Verausgabungsbereitschaft
Perfektionsstreben
Distanzierungsfähigkeit
Resignationstendenz (bei Misserfolg)
Offensive Problembewältigung
Innere Ruhe und Ausgeglichenheit
Erfolgserleben im Beruf
Lebenszufriedenheit
Erleben sozialer Unterstützung

Lösungen: Von der Talfahrt zur Bergfahrt

Welche Lösungen boten sich für Herrn Kopf an? Achtsamkeit und
Neurofeedback sind gut geeignet, um den rastlosen Kopf zur Ruhe
zu bringen, mit positiven Auswirkungen auf den Schlaf und die
Erholungsfähigkeit. So wertvoll diese Strategien aber auch sind,
sie setzen etwas spät an, nämlich dann, wenn die Zweifel, das
Grübeln, die Unsicherheit schon voll in Fahrt sind. Diese Gedanken entstehen ja nicht aus einem Vakuum heraus, sondern werden
durch etwas ausgelöst. Diese Auslöser zu erkennen, ist wichtig.
Daraus lassen sich dann Wege ableiten, wie mit den Problemen
anders umgegangen werden kann, wie problematische Situationen zu lösen sind. Das Grübeln und die Selbstzweifel können mit
kognitiver Umstrukturierung verändert und die negative Sichtweise
dadurch verringert werden.

Die Auslöser der negativen Gedanken erkennen

Da es vor allem um berufliche Themen ging, ist auch ein spezi-
elles Wissen der Arbeits- und Organisationspsychologie wichtig,
das sich im Coaching-Ansatz wiederfindet. Darunter versteht man
eine lösungsorientierte Beratung bei vorwiegend berufsbezogenen
Themen, auch **„Business Coaching"** genannt. Die Betrachtung des
Menschen in seiner beruflichen Identität erklärt jedoch nur einen
Teil des Ganzen. Es ist daher sinnvoll, auch die private Identität zu
berücksichtigen, was häufig mit „Life Coaching" beschrieben wird.

Coaching bei berufsbezogenen Themen

Doppelt hält besser: Psychologische Therapie und Organisationspsychologie

Im Fall von Herrn Kopf galt es, beide Sichtweisen zu kombinieren:
zum einen die Kompetenz der psychologischen Therapie für den
Burnout-Prozess, die Schlafstörungen, Depression und psychosomatischen Beschwerden, zum anderen die Kompetenz der Arbeits-
und Organisationspsychologie für die Umstrukturierungsprozesse
im Unternehmen, die Kommunikation mit dem Vorstand und den
eigenen Umgang mit den Schwierigkeiten und Herausforderungen. Nur einen Teil der Problematik zu berücksichtigen, wäre zu

einseitig gewesen. Eine Verbesserung würde sich kaum einstellen. Warum ist das so? Beide Problembereiche beeinflussen sich wechselseitig. Solange die Beschwerden – Depression, Schlafstörungen und körperliche Beschwerden – anhalten, ist die Belastung durch diese so groß, dass die Kraft und Energie für die Lösung der beruflichen Probleme fehlt. Deshalb bedarf es Therapien zur Förderung des Gesundheitszustandes. Auf der anderen Seite dürfen auch die beruflichen Probleme nicht vergessen werden, führen diese doch fortlaufend dazu, dass negative Gedanken auftreten, die wiederum die Symptome der Depression, Schlafstörungen und psychosomatische Beschwerden aufrechterhalten. Man sieht also, es handelt sich um zwei Seiten derselben Medaille.

Therapien zur Förderung des Gesundheitszustandes

Coaching mit Organisationspsychologie

Die Zeit drängte, Herr Kopf musste in den nächsten Wochen seine Umstrukturierungspläne dem Vorstand vorlegen. Er fühlte sich selbst aber alles andere als fit und leistungsfähig. Die Unterstützung durch den Coaching-Prozess half ihm dabei, eine Strategie im Umgang mit den beruflichen Themen zu finden. Wie ging das Coaching genau vor sich? Die beruflichen Themen wurden zunächst gesammelt und dann in eine Rangfolge gebracht. Ganz oben standen die Umstrukturierung, die Kommunikation mit dem Vorstand und die existenziellen Sorgen. Er war sich nicht sicher, welche Rolle er in Zukunft im Unternehmen spielen würde. Im weiteren Prozess ging es um die Reflexion dieser Themen und um neue Lösungswege, die im Sokratischen Dialog erarbeitet wurden. Das Entscheidende bei dieser Gesprächsführung ist eine spezielle Fragetechnik, die den Patienten/Klienten dazu bringt, neue Sichtweisen und Lösungen zu entwickeln.

Coaching zur Unterstützung

Sokratischer Dialog

Der sokratische Dialog ist eine spezielle Gesprächstechnik der Psychologie, die auf den großen griechischen Philosophen Sokrates (469–399 v. Chr.) zurückgeht. Sokrates war bekannt dafür, dass er die Fragen seiner Diskussionspartner nicht direkt beantwortete, sondern durch gezielte Fragetechnik einen Dialog anregte, um den Dingen weiter auf den Grund zu gehen. Ganz ähnlich verhält es sich in der modernen Psychologie. Der Psychologe liefert nicht fertige Lösungen, sondern verhilft dem Patienten/Klienten dazu, durch den Gesprächsprozess, den Dialog, Erkenntnisse und Lösungen selbst zu entwickeln.

Herr Kopf profitierte von den Coaching-Gesprächen, die ihm Sicherheit in seinen Entscheidungen brachten. Durch den Blick von außen konnte es auch gelingen, neue Sichtweisen zu erarbeiten. So sah er zum Beispiel die Funktion des Unternehmensberaters, den der Vorstand engagiert hatte, um das Unternehmen zu durchleuchten, nicht mehr als Bedrohung seiner Funktion als Geschäftsführer („Ich werde bewertet", „Meine Management-Fertigkeiten werden in Frage gestellt"). Er betrachtete sie hingegen als Chance, dass seine Vorschläge eine weitere Untermauerung erhalten. Die zusätzlichen Argumente könnten ihm vermutlich auch bei den Vorstandssitzungen behilflich sein: „Mit Bestätigung von einem externen Experten kann es vielleicht besser gelingen, den Vorstand zu überzeugen."

Neben den Inhalten ist auch immer die Art der Präsentation eines Konzeptes wichtig. Je selbstbewusster Ideen vorgetragen werden, umso mehr Gewicht haben diese. Ist die Person von der eigenen Idee überzeugt und transportiert diese Überzeugung auch, so kann die Begeisterung auf die Zuhörer überspringen. Eine selbstbewusste Ausstrahlung vermittelt Sicherheit, eine Sicherheit, die besonders bei Change-Management-Prozessen wertvoll ist. Bisher konnte dies Herr Kopf nicht umsetzen, im Gegenteil, er wurde von Sitzung zu Sitzung unsicherer und immer vorsichtiger. Das hatte wahrscheinlich auch der Vorstand bemerkt. Generell nicht sehr experimentierfreudig, waren die Vorstandsmitglieder in ihrer zögerlichen Haltung weiter bestätigt. Die Reflexion versetzte Herrn Kopf in die Lage, sein Verhalten bei den Vorstandssitzungen besser zu analysieren und zu erkennen, welche Verbesserungsmöglichkeiten es gab.

Wie konnte er aber die Überzeugungen ändern und wie konnte er vor allem verhindern, wieder in alte Bahnen zu rutschen? Die Gespräche sind hierbei die Grundlage, dringen aber zu wenig in die Tiefe. Unser Verhalten ist schließlich nur zum kleineren Teil von unserem Bewusstsein gesteuert und vielmehr durch unbewusste Prozesse beeinflusst. Zur Veranschaulichung ist das Bild eines Eisberges passend, bei dem der sichtbare – unbewusste Teil – deutlich kleiner ist als der Teil unter Wasser, der die nicht bewussten Prozesse widerspiegelt (siehe S. 34).

Unbewusste Prozesse beeinflussen unser Verhalten.

Hypnose: Sich neu denken

Unbewusste Prozesse können durch Visualisierungen und Suggestionen gesteuert werden. Dies ist auch aus dem Leistungssport bekannt. Welcher Spitzensportler nutzt nicht die Kraft des mentalen Trainings, das Visualisieren des Ziels und den wiederholten inneren Ablauf bis zur optimalen Performance. In der psychologischen Therapie und im Coaching gilt die Hypnose als die wirkungsvollste Methode, um unbewusste Prozesse zu beeinflussen. Herr Kopf sprach nach einiger Verzögerung – es war ihm zunächst doch etwas ungeheuer – sehr gut auf die Hypnose an. Es gelang ihm, sehr rasch in einen mittleren Trancezustand einzutauchen.

Hypnose, um unbewusste Prozesse zu beeinflussen

Sorgen und Vorurteile in Bezug auf die Hypnose sind vielfach durch Filme und Romane beeinflusst. Um diese abzubauen, war es zu Beginn wichtig, einiges über die Hypnose zu erklären, den Ablauf, die möglichen Veränderungen und die eigene Kontrollfähigkeit während des Trance-Zustandes. Nachdem Herr Kopf keine Fragen mehr hatte und bereit war, machte er es sich im Entspannungsstuhl bequem. Als Hypnotiseur saß ich an der Seite, um etwas aus dem Blickfeld zu rücken, aber weiterhin das Gesicht und den Körper gut erkennen zu können. Als Einstieg verwendete ich die Fixation eines Punktes. Jeder Patient sucht sich dabei einen beliebigen Punkt aus, den er fixieren soll: ein Punkt an der Wand oder auch bei den Bäumen vor dem Fenster. Dadurch wird eine Entscheidungsfreiheit gewahrt, die subjektiv sehr angenehm ist. Herr Kopf wählte einen Punkt an der Wand aus.

Der Einstieg in die Trance

Dann begann die Induktion, mit einem langsamen Rhythmus, auf den Patienten eingestellt (pacing), zwischen den Sätzen mit Pausen: „Sie sitzen ganz ruhig und entspannt auf Ihrem Stuhl ... haben den Kopf angelehnt und betrachten mit der gesamten Aufmerksamkeit den Punkt, den Sie ausgewählt haben ... Nur dieser Punkt ist momentan wichtig, alles andere wird ganz unbedeutend ... Währenddessen atmen Sie ruhig und gleichmäßig weiter, ein ... und langsam wieder aus ..." Dabei achtete ich auf den Atemrhythmus und wählte die Suggestion entsprechend. Der Patient saß mit etwas hochgezogenen Schultern auf dem Stuhl, was wieder genutzt wurde: „Sie können die Schultern spüren, wie diese etwas angespannt sind ... (worauf er diese gleich etwas locker ließ) ... und können diese ganz entspannt werden lassen ... einfach fallen lassen ... Sie spüren jetzt den Unterschied zu vorher ... Währenddessen sehen Sie einfach weiter auf den Punkt." Als ein lauter LKW auf der Straße zu hören ist: „Geräusche von außen sind ganz unbedeutend, Sie bleiben einfach bei dem Punkt, den Sie ausgewählt haben und atmen ruhig und gleichmäßig weiter ... Langsam ein ... und wieder aus." Nach einigen Minuten wurde sichtbar, dass die Augen zu Tränen begannen. „Sie spüren ein leichtes Tränen in den Augen ... und bleiben mit der gesamten Aufmerksamkeit bei dem Punkt ... Alles links und rechts verschwimmt, wird undeutlich ... wie hinter einem Schleier oder im Nebel ... Sie können vielleicht auch feststellen, wie der Punkt verschwimmt ... um dann wieder schärfer zu werden ..." Als nach einigen Minuten die Augen schwerer wurden, die Lidschläge langsamer: „Sie spüren eine Schwere in den Augen ... die Augenlider werden ganz schwer ... es fällt schwer, die Augen offenzuhalten." Die Augen wurden dann noch schwerer, die Lidschläge noch langsamer. „Es fällt immer schwerer die Augen offenzuhalten ... Die Müdigkeit in den Augen wird immer stärker ... mit jedem Atemzug noch etwas mehr ... bis Sie zu einem Punkt kommen, an dem es angenehmer ist, die Augen zu schließen ... Jetzt oder etwas später ... Sie können es spüren, wann der Zeitpunkt gekommen ist ..." Herr Kopf machte dann die Augen zu: „Sie können dann die Augen einfach schließen ... ganz angenehm geschlossen lassen ... die Müdigkeit breitet sich weiter aus, von den Augen beginnend über den gesamten Körper ... Wo zuvor der Blick nach außen gelenkt war, geht dieser nun nach innen ... Sie können Kontakt aufnehmen mit den innersten Anteilen Ihrer Psyche ... mit ihrem Unbewussten ... und hier Einfluss auf das nehmen, was für Sie wichtig ist."

Die Trance wurde dann noch weiter vertieft: „Mit jedem Atemzug können Sie tiefer und tiefer gehen ... so weit, wie es für Sie angenehm ist ... als würden Sie eine Treppe hinabsteigen, die Sie immer mehr in Kontakt mit Ihrem Unbewussten bringt." Während der gesamten Zeit beobachtete ich dabei die Mimik und Körperhaltung des Patienten, um ein Feedback zu bekommen, wie er sich währenddessen fühlte.

Eine weitere Möglichkeit ist es, den Patienten während der Trance zu befragen. Das führt zu einer kurzen Unterbrechung mit anschließendem Wiedereinstieg. Diese Technik wird „fraktionierte Hypnose" genannt und führt nicht, wie man erwarten könnte, zu einer Störung, sondern zu einer weiteren Vertiefung der Trance. Außerdem gewinnt man dann eine direkte Information darüber, wie sich der Patient fühlt und worauf man Rücksicht nehmen kann, zum Beispiel Ängste, die währenddessen auftreten.

fraktionierte Hypnose

Herr Kopf berichtete davon, dass er das Gefühl habe, kurz vor einem Abgrund zu stehen, als wäre er kurz davor zu fallen. Das ist eine häufige Empfindung, bevor die Trance noch weiter vertieft wird. Ein mulmiges Gefühl ist beim ersten Mal auch ganz normal. Durch das Gespräch zwischendurch können diese Ängste auch abgebaut werden, um die weitere Trancearbeit zu erleichtern. „Sie können wieder eintauchen und einfach dort ansetzen, wo Sie zuvor eine Pause gemacht haben ... Sie können die Geschwindigkeit der Trancevertiefung selbst steuern ... vergleichbar damit, wenn Sie mit einem Ruderboot auf einem Fluss, wie der Donau, treiben ... Sie können selbst steuern, ob Sie sich mehr am Rand treiben lassen, wo die Strömung langsamer ist, oder mehr in der Mitte, wo das Boot rascher dahintreibt ... Wenn Sie möchten, können Sie auch am Ufer eine Pause einlegen, bevor Sie sich weiter treiben lassen." In dieser Metapher sind bereits weitere Suggestionen eingebaut: der Fluss als Sinnbild des Sich-treiben-Lassens, die weitere Vertiefung, die auf jeden Fall stattfindet, lediglich die Geschwindigkeit, die steuerbar ist.

Herr Kopf ließ sich sehr gut auf diese Metapher ein und wurde noch deutlich entspannter, erkennbar in der lockeren Körperhaltung, den regelmäßigen Atemzügen und der Umschaltung des vegetativen Nervensystems auf Erholung, was durch Schluckbewegungen deutlich wird.

Die Trancearbeit: Eine neue Wirklichkeit erschaffen

Bis jetzt ging es vor allem um den Einstieg in die Trance, um einen Zustand zu erreichen, in dem die Beeinflussung der unbewussten Anteile der Psyche möglich ist. Das Ziel von Herrn Kopf, selbstbewusster aufzutreten, ließ sich mit einer Zielprojektion gut erreichen. Dabei wurde der Zielzustand – der Idealzustand – ins Bewusstsein projiziert, um eine neue Wirklichkeit zu erlangen.

Der Konstruktivismus hat sehr anschaulich und pointiert auf die Bedeutung der subjektiven Wirklichkeit hingewiesen (siehe S. 27). In der Hypnose machen wir uns das zunutze. Wir schaffen eine neue Wirklichkeit, verankern diese im Bewusstsein und im Unbewussten und beeinflussen dadurch das Denken, Fühlen und Handeln.

Herr Kopf befand sich in einem mittleren Trancezustand, erkennbar durch die entspannte Mimik und Körperhaltung, die regelmäßige Atmung und das verzögerte Antworten auf Fragen. Diese Verzögerung beim Hypnose-Gespräch wird auch „Mundfaulheit" genannt. Den Patienten/Klienten fällt es durch den Trancezustand schwer, unmittelbar zu antworten. Der willentliche Akt des Sprechens erfordert in der Trance eine gewisse Anstrengung, die Antworten sind meist kurz und den meisten Patienten ist es lieber, nicht zu sprechen, sondern einfach in dem angenehmen Zustand zu verweilen. Diesem Bedürfnis kann man auch den erforderlichen Raum geben, indem der weitere Verlauf wieder mehr angeleitet wird.

„Wir gehen jetzt weiter in die Zielprojektion ... Nehmen Sie dabei das angenehme Gefühl der Trance, das sich jetzt eingestellt hat, mit ... gestärkt durch dieses angenehme, sichere Gefühl, können Sie auch in anderen Situationen ganz selbstsicher auftreten." An dieser Stelle wurde die Suggestion des Selbstvertrauens eingestreut, bevor die Zielprojektion begann. Das Gefühl des Selbstvertrauens wurde auch als Gefühl im Körper verankert. „Sie können dieses angenehme Gefühl der Selbstsicherheit im Körper spüren ... wenn Sie genau darauf achten, werden Sie spüren, an welcher Stelle im Körper dieses Gefühl am stärksten vorhanden ist ... das kann im Bauch oder in den Händen sein ... im Brustkorb oder im Kopf ... Sie können es wahrnehmen ... vielleicht zu Beginn noch etwas leichter, wie ein Aufflackern eines Feuers ... und dann immer stärker und intensiver ... Lassen Sie dieses Gefühl ganz intensiv auf sich wirken ... Sie können es fest in sich abspeichern und verankern ... einfach indem Sie sich vollkommen darauf einlassen." Das Nachfragen ergab, dass Herr Kopf ein intensives, warmes Gefühl im Bauch verspürte, ein Gefühl von Kraft und Energie, wie ein innerer Generator. „Mit diesem Gefühl von Kraft und Energie, Ihrem inneren Generator können Sie in die Situation eintauchen, die Ihnen wichtig ist ... die Präsentation vor dem Vorstand ... Treten Sie ein in den Raum ... wie sieht es hier aus ... sind die Vorstandsmitglieder bereits anwesend ... wer sitzt an welchem Platz ... Sie spüren weiterhin die Kraft und Energie im Bauch ... mit diesem Gefühl der Stärke können Sie auf die Mitglieder des Vorstandes zugehen ... diese mit einem kräftigen Händedruck begrüßen ... und sich für die Präsentation bereitmachen ... Sie atmen ganz ruhig und gleichmäßig weiter ... tief ein und wieder aus ... und spüren bei jedem Atemzug die Kraft und Energie im Bauch, die den gesamten Körper durchdringen kann ... Sie stehen ganz aufrecht ... aus der Körpermitte heraus gestärkt ... und können mit der Präsentation beginnen

... Sie gehen die verschiedenen Folien durch ... sprechen ganz klar und deutlich ... mit dem Gefühl der Stärke und Sicherheit ... spüren die Kraft im Bauch ... die Ihnen Energie und Selbstvertrauen gibt ... Auf Zwischenfragen gehen Sie souverän ein ... bleiben bei Ihrem Konzept ... und bemerken, wie eines das andere ergibt ... alles verläuft wie von selbst ... die Vorbereitung hat sich gelohnt ... Sie fühlen sich selbstbewusst und stark ... spüren, wie Sie mit tiefer Überzeugung und Elan die Präsentation durchführen und mit jeder Folie noch sicherer werden ... Bleiben Sie dann noch etwas in dieser Situation ... lassen Sie das Gefühl noch weiter auf sich wirken ..."

Der Ausstieg

Der Ausstieg aus dem Trancezustand erfolgte mit einem Abschlussritual. „Denken Sie daran, wieder aus der Trance auszusteigen ... Lassen Sie sich dabei die Zeit, die Sie brauchen ... Atmen Sie einige Male tief ein und wieder aus ... Schütteln oder Strecken Sie die Hände und die Beine ... und öffnen Sie dann wieder die Augen, um zurückzukommen in das Hier und Jetzt." Herr Kopf nahm sich einige Zeit, ließ die Augen noch etwas geschlossen und öffnete sie dann langsam. Von außen sah es so aus, als wäre er aus einem Kurzschlaf erwacht, die Augen ganz klar, aber sich erst orientierend im Raum, als müsste er sich erst wieder daran erinnern, wo er sich befand.

Die Wirkung: Auf Bergfahrt

Befragt, wie er sich fühle, sprach er von einem ganz ungewöhnlichen Erlebnis. „So etwas habe ich noch nie erlebt. Ich hätte nicht gedacht, dass ich hypnotisierbar bin." Er habe auch gespürt, wie er immer tiefer in die Trance hineingetrieben sei. „Ich bin mir vorgekommen wie ein Boot, das auf der Donau treibt, vom Strom des Wassers mitgezogen." Die Metapher des Flusses habe ihm gut gefallen, besonders die Möglichkeit, das Boot selbst zu steuern und auch mal eine Pause am Ufer einlegen zu können. „Das hat mir Sicherheit gegeben, nicht vollkommen ausgeliefert zu sein." Herr Kopf berichtete davon, dass er das Gefühl von Energie und Kraft im Bauch gut spüren konnte, er beschrieb es als „inneres Kraftfeld". Beim Einstieg in die Präsentation hatte er eine leichte Unruhe verspürt, die er durch das „innere Kraftfeld" verändern konnte. Während der Präsentation sei alles wie von selbst gelaufen, er habe sich von Folie zu Folie sicherer gefühlt, mit „tiefer innerer Überzeugung und Selbstsicherheit".

Die Trance-Übung kann auch zu Hause durchgeführt werden. Als Einstieg ist dabei ein Body-Scan, eine Körperreise, besser geeignet als die Fixation. Die Trance verläuft bei Selbsthypnose meistens

Body-Scan als Trance-Übung für zu Hause

weniger tief als bei angeleiteter Hypnose, für den Übungsprozess stellt das aber kein Hindernis dar. Es geht darum, die neue Wirklichkeit immer wieder abzurufen und zu festigen.

Herr Kopf setzte die Übungen regelmäßig zu Hause um und spürte, wie ihm das gut tat. Er konnte aus den negativen Gedankenkreisen aussteigen, hatte erstmals seit vielen Monaten wieder positive Gedanken beim Einschlafen und fühlte sich insgesamt deutlich gestärkt. Die Präsentation vor dem Vorstand verlief dann auch tatsächlich wesentlich erfolgreicher und angenehmer, als er ursprünglich erwartet hatte. Sowohl seine Selbstsicherheit als auch die Ergebnisse des Unternehmensberaters konnte er verwenden, um den Vorstand von seinen Ideen zu überzeugen. Die Sorgen um die Zukunft und die Existenz lösten sich somit wieder auf. Er wusste zwar, dass ihm eine arbeitsintensive Zeit bevorstand. Das bereitete ihm aber kein Kopfzerbrechen mehr, gab es doch von nun an einen klaren Kurs für das Unternehmen, einen Kurs, den er auch bei stürmischer See finden würde.

natürliches Gleichgewicht in Körper und Psyche

Parallel zum Coaching und der Hypnose halfen ihm auch Entspannungs- und Achtsamkeitsübungen dabei, das natürliche Gleichgewicht in Körper und Psyche wiederherzustellen. Zur Feststellung des Entspannungstrainings, das für ihn am besten geeignet war, absolvierte er den Selbsttest „In 4 Schritten: mein Weg in die Entspannung" [36]. Dieser ergab an erster Stelle das Atemtraining und an zweiter Stelle die Achtsamkeitsmeditation. Die Übungen führte er mit der Entspannungs-CD täglich durch. Er reservierte sich am Abend nach der Arbeit 30 Minuten Zeit zur Entspannung. Bereits nach einer Woche bemerkte er die wohltuende Wirkung. Die Achtsamkeitsübungen machte er sich im Alltag immer wieder bewusst. Der achtsame Start in den Tag bei der heißen Dusche und das gemeinsame Frühstück mit seiner Frau konnte er wesentlich mehr genießen. Wo zuvor die Gedanken bereits früh morgens auf Hochtouren liefen („Mein Kopf springt an wie ein Zwölftakter"), ließ er nun den Kopf im Hier und Jetzt.

Nach einigen Wochen fühlte er sich bereits deutlich besser. Die Schlafqualität hatte sich verbessert, er fühlte sich körperlich fitter und hatte auch das Gefühl, dass er sein Gehirn „abschalten" konnte. Gleichzeitig gelang es ihm wieder besser, die Herausforderungen im Betrieb zu managen, und er hatte erstmals seit vielen Monaten wieder Freude an der Arbeit.

Und täglich grüßt das Murmeltier: Posttraumatische Belastungsstörung mit Alpträumen

Es gibt einen bereits älteren Film aus dem Jahr 1993 mit dem Titel „Und täglich grüßt das Murmeltier". Bill Murray spielt dabei einen arroganten und zynischen Wetteransager, der mit Widerwillen seiner alljährlichen Verpflichtung nachkommt, vom „Murmeltiertag" in der Kleinstadt Punxsutawney, Pennsylvania zu berichten. Bei diesem Ritual am 2. Februar (Maria Lichtmess), das seit 1887 gefeiert wird, geht es darum, das Murmeltier Phil zu beobachten. Wenn es an diesem Tag erwacht, aus seinem Bau herauskommt und einen Schatten wirft, dann bleibe es weitere sechs Wochen winterlich. Ist kein Schatten sichtbar, komme bald der Frühling. Diese Wetterregel geht laut Überlieferung auf deutsche Einwanderer zurück. Unser Hauptdarsteller bleibt durch eine magische Fügung in einer Zeitschleife hängen und erlebt den 2. Februar jeden Tag aufs Neue. Nur er selbst kann sich an die vorangegangenen Murmeltiertage erinnern, für alle anderen ereignet sich jedes Mal ein vollkommen neuer Tag. Das führt zu verschieden Verwicklun-

gen und schließlich zu seiner Läuterung, wodurch er den Bann durchbrechen kann. Auf jeden Fall ist dieser mehrfach ausgezeichnete Film auch heute noch sehr sehenswert.

Bestandsaufnahme: Die Zeitschleife

Was hat das mit unserem Fallbeispiel zu tun? Frau Somnos ist 32 Jahre alt, lebt in einer Lebensgemeinschaft und arbeitet als Ärztin in einem Krankenhaus. Sie hatte vor vier Monaten eine „harmlose" Operation an der Gebärmutter. Diese Operation erfolgt normalerweise als Routineeingriff, hat ihr Leben aber komplett verändert. Vor der Operation war sie etwas nervös, wie wohl fast jeder in dieser Situation. Sie wusste aber, dass sie in guten Händen war, und ging optimistisch an die Situation heran. Als die Narkose eingeleitet wurde, dachte sie noch: „Ich bin froh, wenn das vorbei ist", und war dann schon im Land der Träume, die sich leider als Alpträume entpuppten.

Die Operation verlief komplikationslos bis zum Zeitpunkt der Beendigung der Narkose. Aus unbekannten Gründen kam es dabei zu einem Zwischenfall. Frau Somnos war im Munterwerden begriffen, aber irgendetwas ging schief. Aus ihrer eigenen Erinnerung war sie in einem halbbewussten Zustand und erkannte, wie Ärzte und Schwestern ganz aufgeregt herumliefen, Kommandos gebrüllt wurden und sie dann wieder in einen Dämmerzustand eintauchte. Daraufhin erwachte sie wieder teilweise und es spielte sich erneut ganz ähnlich ab. So wiederholte es sich mehrmals hintereinander. Tatsächlich war die Situation kritisch, da Frau Somnos nach Beendigung der Narkose nicht wieder selbstständig zu atmen begann. Sie musste erneut intubiert und beatmet werden, bis es schließlich gelang, sie von der Beatmungsmaschine zu entwöhnen. Eine ernste Situation, die letztendlich gut ausging.

Der Leidensweg

Organisch betrachtet war die Operation ein Erfolg, psychisch betrachtet der Beginn eines viermonatigen Leidensweges. Da Frau Somnos selbst Ärztin ist, konnte sie sich mit dem Verlauf der Operation gut auseinandersetzen. Bewusst schaffte sie es, ziemlich rasch das Erlebte „abzuschließen". Tagsüber hatte sie auch keine Probleme mit dem Vorfall. Sie konnte auch ohne große Emotionen über den Eingriff und die Komplikationen berichten, genau so, als wäre es sehr gut verarbeitet und würde keine Probleme bereiten. Die Nächte verliefen jedoch ab dem ersten Tag nach der Operation furchtbar. Sie schlief relativ gut ein, innerhalb von 10–15 Minuten, wurde aber nach ca. 1,5 Stunden durch einen Alptraum von der

Paniksymptome, Alpträume

Operation plötzlich wach, schweißgebadet und mit Herzrasen. Sie erlebte die Szene des Narkosezwischenfalls genauso wieder, wie dies am Tag der Operation passiert war. Sie hörte die Stimmen der Ärzte und Schwestern, sah das grelle Licht der Lampen, spürte das Ausgeliefertsein. Kein Wunder, dass der Körper mit Paniksymptomen reagierte. Nach diesem Hochschrecken in der Nacht brauchte sie bis zu einer Stunde, um wieder einzuschlafen, um nach ziemlich genau 1,5 Stunden durch den gleichen Alptraum wieder hochzuschrecken. So spielte es sich Nacht für Nacht ab, manchmal folgten zwei, manchmal drei Alpträume hintereinander. Vier Monate lang schlief sie keine Nacht ohne Alpträume. Die Geschichte wiederholte sich immer und immer wieder, ohne dass es ihr gelang, daraus auszusteigen. Ganz ähnlich wie Bill Murray bei „Und täglich grüßt das Murmeltier". Natürlich machten ihr die Alpträume auch tagsüber zu schaffen, war sie doch nicht mehr so erholt und ausgeruht wie früher. Sie entwickelte auch eine zunehmende Angst vor dem Schlafengehen und versuchte das Einschlafen hinauszuzögern. Entkommen konnte sie den Alpträumen aber nicht.

Klinisch-psychologische Diagnostik

Diagnose: Posttraumatische Belastungsstörung

Bei Frau Somnos lag eine Posttraumatische Belastungsstörung (PTBS) (F 43.1) vor, die zu einer Schlafstörung mit Alpträumen (F 51.5) führte. Typisch für eine PTBS sind wiederholte Alpträume, Panikgefühle und ein Hyperarousal (übermäßige Aktivierung). Häufig sind auch Backflashs vorhanden, intensive Erinnerungen während des Tages, die mit extremer körperlicher Unruhe verbunden sind. Es können auch Dissoziationen auftreten, eine Abspaltung bestimmter Erlebnisse, eine innere Abstumpfung und emotionale Leere. Frau Somnos litt vor allem unter den Alpträumen und einer übermäßigen Aktivierung. Sie war zudem sehr schreckhaft. Tagsüber hatte sie kaum Probleme mit dem traumatischen Erlebnis.

In der Nacht, bei Wegfall der Bewusstseinskontrolle, kamen die Erinnerungen jedoch umso intensiver.

Zur Diagnosestellung einer PTBS ist immer ein traumatisches, ungewöhnlich belastendes Erlebnis als Auslöser erforderlich. Bei Frau Sorge war die Ursache ganz eindeutig der Operationszwischenfall. Davor hatte sie laut eigenen Berichten einen ausgezeichneten Schlaf und konnte sogar während der Nachtdienste, wenn sie sich in Rufbereitschaft befand, sehr gut schlafen.

Weitere psychische Störungen, wie Depressionen oder Ängste, sind bei PTBS häufig, besonders wenn diese über einen längeren Zeitraum anhält. Frau Somnos bemerkte zwar eine etwas gedrückte Stimmung, eine Depression lag jedoch (noch) nicht vor.

Lösung: Wege aus dem Schatten der Nacht

Frau Somnos hatte, bevor sie unsere Praxis aufsuchte, bereits eine Gesprächstherapie in Anspruch genommen. Diese sei zwar angenehm gewesen, habe jedoch keine Verbesserung der Alpträume bewirkt. Sie überlegte deshalb, einen etwas anderen Zugang über Hypnose zu versuchen. Die Bestandsaufnahme durch die psychologische Diagnostik verdeutlichte, dass der Zugang über das normale Wachbewusstsein nicht sinnvoll war, da die Probleme durch das Unbewusste ausgelöst (getriggert) wurden.

Bei posttraumatischen Belastungsstörungen gibt es häufig einen Schutz der Psyche durch Dissoziation, also durch Abspaltung belastender Inhalte aus dem Wachbewusstsein. Die Psyche wird damit vor der Überflutung durch die bedrohlichen Erlebnisse geschützt. Es handelt sich um eine automatische Schutzmaßnahme, die vor allem unmittelbar nach einem traumatischen Erlebnis sehr hilfreich ist. Gleichzeitig kann dieser Schutz aber auch verhindern, dass das Trauma aufgearbeitet wird (siehe Abb. nächste Seite).

Das war auch bei Frau Somnos der Fall. Die Dissoziation war so stark, dass sie selbst beim intensiven Gespräch über die Operation

Schutz der Psyche durch Dissoziation

193

Der Traumaprozess

Normale Verarbeitung eines traumatischen Erlebnisses

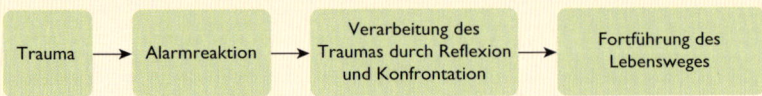

Pathologische Verarbeitung eines traumatischen Erlebnisses

Entwicklung einer posttraumatischen Belastungsstörung

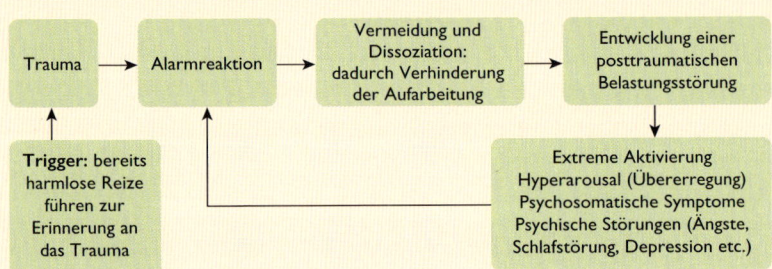

kaum Unruhe verspürte und auch nach außen keine Aktivierung zeigte. Damit waren Versuche der Aufarbeitung über das psychologische Gespräch und den sokratischen Dialog von Vornherein zum Scheitern verurteilt. Wie konnte dann aber die Therapie geplant werden? Hier bot sich der Weg über das Unbewusste mit Hypnose und Trancearbeit an.

Hypnose: Die Expedition zum traumatischen Erlebnis

Der Einstieg in die Hypnose begann mit der Tranceinduktion durch Augenfixation. Frau Somnos nahm im Entspannungsstuhl Platz, machte es sich bequem und hatte dann die Aufgabe, einen Punkt leicht oberhalb der Augenhöhe zu fixieren. Ich verwende in der Praxis gerne ein Foto auf einem Computermonitor, der auch für Biofeedback zur Verfügung steht. Auf diesem ist als Desktop-Bild eine Unterwasserlandschaft eines Meeres in der Südsee zu sehen.

Dieses Bild wirkt auf die meisten Personen sehr angenehm und beruhigend. Außerdem vermittelt es bereits, dass es darum geht, unter die Oberfläche zu gehen. Im Kapitel über Hypnose (siehe S. 85) habe ich den Ablauf der Tranceinduktion bereits beschrieben. Bei Frau Somnos verlief der Einstieg ganz ähnlich, auch wenn jede Person anders reagiert und die Suggestionen immer individuell angepasst werden müssen. Das ist auch der Grund, warum eine persönliche Hypnose meistens intensiver wirkt, als eine Hypnose mittels CD.

Eine persönliche Hypnose wirkt meistens intensiver.

Frau Somnos konnte sehr gut in die Trance eintauchen. Bereits nach fünf Minuten wurden ihre Augen schwer, sie schaffte es fast nicht mehr die Augen offenzuhalten. Mit den Suggestionen „Ihre Augen werden ganz schwer, es fällt zunehmend schwer, die Augen offenzuhalten" wurde dieses Gefühl noch weiter vertieft. Die Patientin macht dann keinen Unterschied mehr zwischen dem, was vorher und nachher gekommen ist. War die Suggestion vor der Augenschwere oder umgekehrt? Wie auch immer das wahrgenommen wird und auch wenn die Patienten währenddessen verwundert sind, dass die Augenlider ganz schwer werden, der Suggestion kann man sich nicht so leicht entziehen. „Wenn die Augenlider dann ganz schwer geworden sind, können Sie die Augen auch schließen; jetzt oder etwas später." Die Patientin hat die Augen dann geschlossen. „Die Augenlider sind dann ganz angenehm geschlossen. Und es tut gut, die Augen geschlossen zu haben, ganz angenehm und ganz entspannt. Der Blick, der zuvor nach außen gelenkt war, wird nun nach innen gelenkt." Damit wurde die Aufmerksamkeit auf die Innenwelt gerichtet. „Das, was außen geschieht, ist vollkommen unbedeutend und nebensächlich, die gesamte Aufmerksamkeit ist nach innen gerichtet … Der Körper ist ganz entspannt. Der Kopf liegt bequem auf der Rückenlehne auf, die Arme auf den Oberschenkeln, die Beine fest am Boden." Die Entspannung im Körper wurde mit diesen Worten weiter vertieft. „Sie können dieses angenehme Gefühl noch weiter wirken und vertiefen lassen."

Das Base-Camp der Traumabehandlung

Zur Bearbeitung des Traumas ist es wichtig, einen sicheren Ausgangspunkt aufzubauen, eine Basisstation, ähnlich einem Base-Camp bei einer Himalaya-Besteigung. Die Traumabearbeitung ist einer Expedition auch durchaus vergleichbar. Man begibt sich in eine gefährliche Zone. Der erste „Gipfelsturm" bringt nicht immer einen Erfolg, ein Rückzug muss einkalkuliert werden. Und beim zweiten oder dritten Versuch kann es dann gelingen, den Gipfel zu erreichen und wieder heil und wohlbehalten zurückzukommen. Auch die Konfrontation mit dem traumatischen Erlebnis ist bedrohlich. Nicht umsonst vermeiden Betroffene die Beschäftigung damit meistens oder spalten es durch Dissoziation vom Bewusstsein ab. Der sichere Ort – das Base-Camp – hilft dabei, sich Stück für Stück vorzuwagen, bis es gelingt, das Trauma zu bewältigen und abzuschließen.

Der sichere Ort ist individuell sehr verschieden. Es kann ein Ort aus der Vergangenheit, zum Beispiel von einer Urlaubsreise, gewählt werden oder auch ein Ort aus der Fantasie. Im Trancezustand ist alles möglich, ähnlich wie beim Träumen. Die Anleitung für Frau Somnos lautete wie folgt: „Sie können mit Ihrer Aufmerksamkeit an einen Ort gehen, an dem Sie sich ganz sicher und wohlfühlen. Das kann ein Ort aus der Vergangenheit oder der Fantasie sein. Sie brauchen nicht danach zu suchen, der Ort wird wie von selbst auftreten." Nach einer kurzen Pause fragte ich sie, ob sie ihren Ort schon gefunden hätte. Sie berichtete dann von der Almwiese in den Bergen. „Sie können mit allen Sinnen in diesen Ort eintauchen, beschreiben, wie es hier aussieht, die Farben, die Formen. Vielleicht können Sie die Sonne über sich sehen, Wolken die vorbeiziehen. Wenn Sie sich umblicken, können Sie vielleicht Blumen erkennen, Bäume, die Berge … Welche Geräusche hören Sie, vielleicht das Rauschen des Windes, das Summen der Insekten oder es gibt auch einen Bach, den Sie plätschern hören können …

Was spüren Sie? Die Wärme der Sonne, das weiche Gras, die frische Luft auf der Haut ... Und vielleicht können Sie auch etwas riechen oder schmecken ... Sie können mit allen Sinnen in diesen Ort eintauchen, alles auf sich wirken lassen und in sich aufnehmen."
Frau Somnos gelang es sehr gut, sich in diesen Ort hineinzuversetzen, einen Ort, der ähnlich war wie in ihrer Kindheit, als sie mit der Familie regelmäßig den Urlaub in den Bergen verbracht hatte. Das Bild entlehnte sie einer Zeit, in der sie ganz unbeschwert lebte, sich ganz sicher und geborgen fühlte.

Der Anker

Das Gefühl der Sicherheit und Entspannung wird verankert.

Dieser Ort, dieses Gefühl der Sicherheit und Entspannung wird dann verfestigt und verankert. Als Anker dient ein bestimmter Reiz, beispielsweise eine Handbewegung oder Handhaltung. Das Gefühl, das sich mit dem Ort verbindet, soll an den Anker gekoppelt werden. Es ist dann später alleine durch den Anker abrufbar.
Frau Somnos wählte als Anker die Verschränkung beider Hände, ein Symbol für Sicherheit und Halt. „Sie können Ihren Anker ganz fest mit dem Ort und der Sicherheit verbinden und den Anker immer dann abrufen, wenn es für Sie wichtig und hilfreich ist."

Die Konfrontation: Die Expedition zum Trauma

Der sichere Ort wird in ein bis zwei Einheiten wiederholt und der Anker weiter verfestigt. Wenn eine gute Stabilisierung erreicht wurde, ist die Zeit gekommen, um sich mit dem Trauma zu beschäftigen. Der Einstieg bei Frau Somnos verlief wieder über die Tranceinduktion, diesmal ging der Ablauf aber noch schneller und sie tauchte noch leichter in den Trancezustand ein. Vom sicheren Ort aus – vom Base-Camp – starteten wir dann die Expedition. „Sie können dann in der Zeit zurückgehen zu dem Zeitpunkt der Operation. Dabei können Sie selbst bestimmen, wie schnell und wie nahe Sie herangehen ... Sie können die Erinnerungen wie einen Film abspulen. Die Größe des Fernsehers können Sie selbst anpassen, zunächst wählen Sie ein etwas kleineres Gerät, vielleicht das Bild in Schwarz-Weiß und keinen Ton dabei, so wie früher die Stummfilme." Durch diesen Einstieg wurde eine Distanz hergestellt, um eine zu intensive Konfrontation zu verhindern. Frau Somnos konnte sich den Fernseher gut vorstellen. Auf die Frage, was sie sehe, berichtete Sie von dem Bild der Operation. Sie sehe sich selbst auf dem Operationstisch liegen, die Ärzte und Schwestern um sie herum. Zunächst verlaufe alles noch wie geplant. Dann aber seien alle ganz aufgeregt, riefen durcheinander und seien ganz hektisch. Die Patientin reagierte auf ihre Schilderung selbst unruhig, atmete schneller, war im Gesicht verspannt. „Sie können eine kurze Unterbrechung machen, die Pause-Taste drücken oder das Bild zunächst ganz ausschalten." Das empfand die Patientin als sehr angenehm und erleichternd. Sie erlebte dadurch Kontrolle, etwas, was bei den Alpträumen nicht möglich war. Der Anker vom sicheren Ort half ihr auch, sich zu beruhigen und das Sicherheitsgefühl wieder aufzubauen. Danach stiegen wir wieder in die Situation ein. „Sie können den Film dann wieder fortsetzen, im guten Wissen, dass Sie immer dann den Film anhalten können oder das Bild kleiner machen, wenn es für Sie angenehm ist." Sie war dann bereit fortzufahren und schilderte den weiteren Ablauf bis zu dem Zeitpunkt, an dem sie nach der Operation erwachte. Die Beschreibung erfolgte aus der Filmperspektive, aus der sie sich selbst betrachten konnte.

Der Ausstieg: Zurück zum Base-Camp

„Sie können den Film dann beenden, mit dem guten Gefühl, dass alles gut ausgegangen ist. Das ist vergleichbar mit einem spannenden Film im Fernsehen, bei dem bis zum Schluss nicht klar ist, wie er ausgeht. Wenn dann doch alles gut endet, kann man die Erleichterung spüren, wie die Unruhe abfällt und die Sicherheit wieder eintritt … Den Film können Sie dann verstauen, vielleicht in einem Regal in einem Abstellzimmer, dort wo auch andere Dinge der Vergangenheit lagern. Und Sie können entscheiden, wann Sie diese Erinnerungen wieder herausholen und wann nicht." Sie ging dann nochmals zurück zum sicheren Ort, um wieder Ruhe und Kraft zu tanken. Das war auch wichtig als Abschluss der Hypnose-Sitzung. Bei der Besprechung der Hypnose zeigte sich Frau Somnos begeistert darüber, wie sie den Film selbst steuern konnte und ihr das Vergrößern, Verkleinern oder zwischendurch Anhalten gelungen war. Das gab ihr ein gutes Gefühl der Kontrolle. Sie merkte auch, dass sie zwar anfangs sehr unruhig war, sich das dann aber wieder ein wenig legte. Die Unruhe signalisierte deutlich, dass die Konfrontation etwas auslöste. Wäre sie ganz unbeteiligt geblieben, ähnlich den Gesprächen im Wachbewusstsein, hätte die Konfrontation nicht die gewünschte Wirkung gezeigt. Insgesamt fühlte sie sich etwas müde, wie nach einer Bergtour, aber mit einer gewissen Befriedigung, es bis zum Trauma (Gipfel) geschafft zu haben.

Gefühl der eigenen Kontrolle

Der Tag danach

Man kann nie genau wissen, was eine Hypnose auslöst. Aufgrund der Erfahrung sind verschiedene Verläufe bekannt und das Vorgehen wird sehr sorgfältig gewählt. Und dennoch besteht keine Möglichkeit, mit Gewissheit vorherzusagen, wie intensiv oder wie rasch die Trancearbeit wirkt. Frau Somnos kam eine Woche später wieder in die Praxis. Sie berichtete, dass sie nach der vergangenen Sitzung drei Nächte beinahe durchgeschlafen habe. Sie sei zwar kurz aufgewacht, Alpträume seien aber nicht aufgetreten. Sie konnte es gar nicht fassen. Ab der vierten Nacht kamen die Alpträume zwar zurück, aber nur einmal pro Nacht (statt früher drei- bis viermal). Eine sehr schöne Veränderung, wenn man bedenkt, dass sie vier Monate lang jede Nacht mindestens drei Alpträume hatte.

Der Abschluss

Wir wiederholten in den darauffolgenden Einheiten die Hypnose und Traumakonfrontation, wobei die Auseinandersetzung zunehmend intensiver erfolgte. Der Film wurde auf einer größeren Leinwand abgespielt, es kam Farbe dazu und auch ein Ton. Dadurch verstärkte sich zwar die Unruhe etwas, durch die Ankertechnik konnte Frau Somnos dies aber kontrollieren und fühlte sich zunehmend sicherer. So konnte sie schließlich den ganzen Film in einem Durchlauf ansehen. Nach insgesamt nur sechs Einheiten lösten sich die Alpträume schließlich ganz auf und einige Wochen danach verblassten auch die negativen Erinnerungen daran. Sie spürte, wie ein Ballast von ihr abfiel und sie von innen heraus wieder deutlich befreiter war. Ganz ähnlich, wie das früher der Fall war. Oder doch etwas anders, hatte sie doch eine neue Kraft in ihrem Inneren entdeckt, das Unbewusste, eine Kraft die nun ein Verbündeter war und die sie auch für andere Lösungen einsetzen konnte.

„Nicht immer denken"
bei anderen Beschwerden

Die Strategien, die Sie bei den vier Fallbeispielen kennengelernt haben, sind auch bei vielen anderen Beschwerden sehr gut einsetzbar. Dabei gibt es kein Patentrezept. Wie ich bereits weiter oben ausgeführt habe, ist die Wahl der richtigen Therapie, oder besser die Kombination verschiedener Therapien, immer an eine individuelle Therapieplanung gebunden. Dennoch spielt das Zuviel-Denken bei zahlreichen Beschwerden eine zentrale Rolle. Deshalb entfalten die Strategien des „Nicht immer Denkens" – Achtsamkeit, Kognitive Umstrukturierung, Hypnose und Neurofeedback – bei den verschiedensten Indikationen eine so gute Wirkung. Dies trifft nicht nur in der psychologischen Therapie zu, sondern auch für die Selbsthilfe im Alltag. Vergessen Sie aber nicht, dass es oft auf die Kombination ankommt. Es verhält sich wie bei einem guten Essen, das auch nicht nur aus einer Zutat besteht. Hier gibt es sowohl in der Psychologie und Psychotherapie ein breites Therapiespektrum, als auch sehr wertvolle Kooperationen mit der Medizin und anderen Gesundheitsberufen.

Bei welchen Beschwerden „Nicht immer denken" wirkt:

Bei den folgenden Beschwerden sind die „Nicht immer denken"-Strategien besonders wirkungsvoll. Die Liste bietet jedoch keine vollständige Aufzählung. Immer dann, wenn Gedanken ins Spiel kommen, ist es sinnvoll, an Achtsamkeit und Co. zu denken.

↘ Angststörungen (Agoraphobie, Panikstörung, Sozialphobie etc.)

↘ Aufmerksamkeitsdefizit-Syndrom (ADS bzw. ADHS)

↘ Burnout

↘ chronische körperliche Erkrankungen

↘ Depression

↘ Hyperakusis (Lärmempfindlichkeit)

↘ Posttraumatische Belastungsstörung (PTBS)

↘ psychosomatische Beschwerden

↘ Schlafstörungen

↘ somatoforme Störungen (körperliche Beschwerden ohne organische Ursache)

↘ Schmerzen

↘ Tinnitus (Ohrgeräusche)

↘ Zwangsstörungen

„Nicht immer denken" für ein gutes Leben

Die Strategien von Achtsamkeit und Co. sind nicht nur bei Beschwerden wirkungsvoll, sondern auch wenn es darum geht, ein gutes Leben zu führen. Was ist aber ein gutes Leben? Eine einfache Frage, die nicht so leicht zu beantworten ist. Jedenfalls verbirgt sich dahinter für jeden Menschen etwas anderes. Darauf hat Hermann Hesse in „Siddhartha" so meisterlich hingewiesen. Und man kann auch ein ganzes Leben dafür verwenden, um dieser Frage nachzuspüren, wie auch der Frage nach dem Sinn des Lebens. Aber geht es nicht vielmehr darum, einfach zu leben und nicht zu viel zu analysieren und zu bewerten? So könnte man sagen, dass der Sinn des Lebens genau darin besteht, sein Leben zu leben, jeder auf seine Weise.

Sinn des Lebens

Zum Abschluss möchte ich Ihnen noch ein Zitat aus Hermann Hesse's „Siddhartha" mit auf den Weg geben und wünsche Ihnen bei der Umsetzung des „Nicht immer Denkens" viel Erfolg und Freude.

„Er blickte um sich, als sähe er zum ersten Mal die Welt. Schön war die Welt, bunt war die Welt, seltsam und rätselhaft war die Welt! Hier war Blau, hier war Gelb, hier war Grün, Himmel floß und Fluß, Wald starrte und Gebirg, alles schön, alles rätselvoll und magisch, und inmitten er, Siddhartha, der Erwachende, auf dem Weg zu sich selbst ...
Blau war Blau, Fluß war Fluß, und wenn auch im Blau und Fluß in Siddhartha das Eine und Göttliche verborgen lebte, so war es doch eben des Göttlichen Art und Sinn, hier Gelb, hier Blau, dort Himmel, dort Wald und hier Siddhartha zu sein. Sinn und Wesen waren nicht irgendwo hinter den Dingen, sie waren in ihnen, in allem." (Hermann Hesse, Siddhartha)

Anhang

Literaturverweise

[1]   Baumann, U. & Perrez, M. (1998): Lehrbuch Klinische Psychologie – Psychotherapie. Bern: Hans Huber.

[2]   Born, J. (2010): Ohne Schlaf würde unser Hirn wohl platzen. Zeit Online, 26.10.2010. http://www.zeit.de/wissen/gesundheit/2010-10/schlaf-gehirn-gedaechtnis.

[3]   Cahn, B. R. & Polich, J. (2006):Meditation states and traits. EEG, ERP, and neuroimaging studies. Psychological Bulletin, Vol. 132, NO. 2, 180–211.

[4]   Calvin, W. H. (2004): Wie das Gehirn denkt. Die Evolution der Intelligenz. München: Elsevier.

[5]   Csikszentmihalyi, M. & Charpentier, A. (2013): Flow. Das Geheimnis des Glücks. Stuttgart: Klett-Cotta.

[6]   Damásio, A. (2004): Descartes Irrtum. Fühlen, Denken und das menschliche Gehirn. München: List.

[7]   De Pascalis, V., Ray, W. J., Tranquillo, I. & Amico, D. (1998): EEG activity and heart rate during recall of emotional events in relationship with hypnotizability and suggestibility. International Journal of Psychophysiology, Aug, 29, 255–275.

[8]   Demos, J. (2005): Getting started with neurofeedback. New York: Norton & Company.

[9]   Die Zeit (2011), Nr. 18, Aufmerksamkeit und Konzentration. Das Wesentliche im Blick.

[10] Die Zeit (2013), Nr. 1, 69. Jahrgang, Zeit Magazin, S. 21.

[11] Gerrig, R. J. & Zimbardo, P. G. (2008): Psychologie. 18. Aufl. München: Pearson.

[12] Gramann, K. & Schandry, R. (2009): Psychophysiologie. Körperliche Indikatoren psychischen Geschehens. 4. Aufl. Weinheim: Beltz.

[13] Grawe, K. (1998): Psychologische Therapie. Göttingen: Hogrefe.

[14] Grawe, K. (2004): Neuropsychotherapie. Göttingen: Hogrefe.

[15] Harrer, M. E. (2010): Achtsamkeit und Hypnosepsychotherapie. Imagination Nr. 1.

[16] Hautzinger, M., Beck, A. T., Rush, J. & Shaw, B. F. (2010): Kognitive Therapie der Depression. 2. Aufl. Weinheim: Beltz.

[17] Hesse, H. (1973): Klein und Wagner. Frankfurt am Main: Suhrkamp.

[18] Hesse, H. (1986): Demian. Frankfurt am Main: Suhrkamp.

[19] Hesse, H. (1986): Siddhartha. Frankfurt am Main: Suhrkamp.

[20] Huber, A. (2013): Die Angst. Dein bester Freund. Salzburg: Ecowin.

[21] Kabat-Zinn, J. (1994): Wherever you go, there you are. New York: Hyperion.

[22] Klimesch, W. (1998): Gedächtnisstörungen. In: Baumann, U. & Perrez, M. (Hrsg): Lehrbuch Klinische Psychologie – Psychotherapie (S. 574–582). Bern: Hans Huber.

[23] Koza, E. H., Sato, J. R., Barreiros, M. M., Radvany, J., Mello, L. E. A. & Amaro JR, E. (2010): 40th Annual Meeting of the Society of Neuroscience.

[24] Leerlauf im Kopf. Zeit Online, 4.1.2010. http://www.zeit.de/2010/01/N-Gehirn-im-Leerlauf.

[25] Lutz, A., Greischar, L. L., Rawlings, N. B., Matthieu, M. & Davidson, R. J. (2004): Long-term meditators self-induce high-amplitude gamma synchrony during mental practice. PNAS, November 16, Vol. 101, 16369–16737.

[26] Magnin, M. et al. (2010): Thalamic deactivation at sleep onset prededes that of the cerebral cortex in humans. PNAS, February 23, Vol. 107, 3829–3833.

[27] Meichenbaum, D. & Schattenburg, L. (2012): Intervention bei Stress: Anwendung und Wirkung des Stressimpfungstrainings. 3. Aufl. Bern: Hans Huber.

[28] Messner, R. (1993): Berge versetzen. Das Credo eines Grenzgängers. München: BLV.

[29] Ott, U. (2010): Meditation für Skeptiker: Ein Neurowissenschaftler erklärt den Weg zum Selbst. München: O.W. Barth.

[30] Peseschkian, N. (2007): Wenn du willst, was du noch nie gehabt hast, dann tu, was du noch nie getan hast. Freiburg: Herder.

[31] Precht, R. D. (2011): Warum gibt es alles und nicht nichts? München: Goldmann.

[32] Revenstorf, D. & Peter, B. (2009): Hypnose in Psychotherapie, Psychosomatik und Medizin: Manual für die Praxis. 2. Aufl. Berlin: Springer.

[33] Revenstorf, D. & Zeyer, R. (2011): Hypnose lernen. Anleitungen zur Selbsthypnose für mehr Leistung und weniger Stress. 10. Aufl. Heidelberg: Carl Auer.

[34] Rief, W. & Bierbaumer, N. (2010): Biofeedback: Grundlagen, Indikationen, Kommunikation, Vorgehen. 3. Aufl. Stuttgart: Schattauer.

[35] Roth, G. (2003): Gleichtakt im Neuronennetz. Gehirn & Geist, 1/2003.

[36] Schmid, N. (2013): Mein Weg in die Entspannung. Ausgeglichen, beschwerdefrei, leistungsfähig. Wien: Maudrich.

[37] Schulz-Stübner, S. (2007): Medizinische Hypnose. Grundlagen und Behandlungstechnik. Stuttgart: Schattauer.

[38] Storch, M., Cantieni, B., Hüther, G. & Tschacher, W. (2010): Embodiment. Die Wechselwirkung von Körper und Psyche verstehen und nutzen. 2. Aufl. Bern: Huber.

[39] Thompson, M. & Thompson, L. (2003): The Neurofeedback Book. Wheat Ridge: The Association for Applied Psychophysiology and Biofeedback.

[40] Tölle, T. & Flor, H. (2006): Schmerz. In: H. Förstl, M. Hautzinger & G. Roth (Hrsg.): Neurobiologie psychischer Störungen (S. 577–618). Heidelberg: Springer.

[41] Treadway, M. T., Rogers, B. P., Evans, K. C., Scannell, E. C., Benson, H., Dusek, J. A. & Lazar, S. (2008): Meditation experience is associated with increased connectivity within an emotion regulation network. Neuroscience, Poster.

[42] Ulich, E. (2005): Arbeitspsychologie. 6. Aufl. Zürich: vdf.

[43] Watzlawick, P. (1988): Anleitung zum Unglücklichsein. München: Piper.

[44] Zimbardo, P. G. (1983): Psychologie. 4. Aufl. Berlin: Springer.

Weiterführende Literatur

Psychologie allgemein, Kognitive Umstrukturierung:

Calvin, W. H. (2004): Wie das Gehirn denkt. Die Evolution der Intelligenz. München: Elsevier.

Gerrig, R. J. & Zimbardo, P. G. (2008): Psychologie. 18. Aufl. München: Pearson.

Meichenbaum, D. & Schattenburg, L. (2012): Intervention bei Stress: Anwendung und Wirkung des Stressimpfungstrainings. 3. Aufl. Bern: Hans Huber.

Peseschkian, N. (2007): Wenn du willst, was du noch nie gehabt hast, dann tu, was du noch nie getan hast. Freiburg: Herder.

Schmid, N. (2013): Mein Weg in die Entspannung. Ausgeglichen, beschwerdefrei, leistungsfähig. Wien: Maudrich.

Watzlawick, P. (2009): Anleitung zum Unglücklichsein. München: Piper.

Achtsamkeit:

Kabat-Zinn, J. & Kroh, M. B. (2011): Gesund durch Meditation. Das große Buch der Selbstheilung. München: Knaur.

Ott, U. (2010): Meditation für Skeptiker: Ein Neurowissenschaftler erklärt den Weg zum Selbst. München: O.W. Barth.

Schmid, N. (2013): Mein Weg in die Entspannung. Ausgeglichen, beschwerdefrei, leistungsfähig. Wien: Maudrich.

Weiss, H., Harrer, M. E. & Dietz, T. (2012): Das Achtsamkeits-Übungs-buch. Stuttgart: Klett-Cotta.

Hypnose:

Erickson, M. H., Rossi, E. L., & Rossi, S. L. (2013): Hypnose. Induktion, therapeutische Anwendung, Beispiele. 8. Aufl. Stuttgart: Klett-Cotta.

Revenstorf, D. & Zeyer, R. (2011): Hypnose lernen. Anleitungen zur Selbsthypnose für mehr Leistung und weniger Stress. 10. Aufl. Heidelberg: Carl Auer.

Revenstorf, D. & Peter, B. (2009): Hypnose in Psychotherapie, Psychosomatik und Medizin. 2. Aufl. Heidelberg: Springer.

Neurofeedback:

Demos, J. (2005): Getting started with neurofeedback. New York: Norton & Company.

Schmid, N. (2013): Mein Weg in die Entspannung. Ausgeglichen, beschwerdefrei, leistungsfähig. Wien: Maudrich.

Strehl, U. (Hrsg.) (2013): Neurofeedback. Ein Praxisbuch. Stuttgart: Kohlhammer.

Web-Links

(Stand Februar 2014)

Web-Adressen von Dr. Norman Schmid:

www.schmid-schmid.at (Dr. Schmid & Dr. Schmid, Hygieia-Gesundheitsförderung, Praxis für Psychologie und Medizin)

www.worklifebalance.at (Dr. Schmid & Dr. Schmid, Gesundheits- und
Persönlichkeitsentwicklung)

www.facebook.com/Schmid.und.Schmid

Psychologie:

www.bdp-verband.org (Berufsverband Deutscher Psychologinnen und
Psychologen, BDP)

www.boep.or.at (Berufsverband Österreichischer PsychologInnen, BÖP)

www.apa.org (American Psychological Association, APA)

Achtsamkeit:

www.achtsamleben.at (Homepage von Michael Harrer über Achtsamkeit)

www.youtube.com, Schlagworte „Mindfulness Meditation Kabat-Zinn"
(Videos über Achtsamkeit von Jon Kabat-Zinn)

www.facebook.com/thichnhathanh (Facebook-Seite von Thich Nhat
Hanh, einem der bekanntesten Zen Meister)

Hypnose:

www.meg.hypnose.de (Milton Erickson Gesellschaft für Klinische
Hypnose)

https://erickson-foundation.org (Milton Erickson Foundation USA)

Neurofeedback und Biofeedback:

www.biofeedbacktraining.info (Allgemeine Infos zu Biofeedback und
Neurofeedback und das Curriculum beim Berufsverband Österreichischer PsychologInnen)

www.dgbfb.de (Deutsche Gesellschaft für Biofeedback, DGBFB)

www.isnr.org (International Society for Neurofeedback & Research, ISNR)

www.aapb.org (American Association für Applied Psychophysiology and
Biofeedback, AAPB)

Stichwortverzeichnis

Dr. Norman Schmid

Mein Weg in die Entspannung

ausgeglichen – beschwerdefrei – leistungsfähig

maudrich 2013, 192 Seiten,
durchgehend farbig, Klappenbroschur
inkl. Audio-CD & Beiheft (Selbsttest)
EUR 22,– (A) / EUR 21,40 (D)
ISBN 978-3-85175-978-5

Einfach entspannt!

Was uns entspannt, ist ebenso individuell wie unsere Persönlichkeit. Finden Sie in vier einfachen Schritten heraus, welche Entspannungstechnik Ihre individuellen Stress-Symptome am effektivsten bekämpft.
Mit detaillierten, anschaulichen Anleitungen zu sieben bewährten Entspannungsmethoden und einem psychologisch geprüften Selbsttest!

Ihr PLUS:

↘ Die sieben Entspannungsmethoden im Überblick:
- Atemtraining
- Progressive Muskelentspannung – reloaded
- Autogenes Training
- Achtsamkeits-Meditation
- Imagination
- Biofeedback
- Neurofeedback

↘ Selbsttest: Welche Methode hilft bei meinem Stressprofil?

↘ Hochwertige Audio-CD mit Übungsanleitungen und Entspannungsmusik

Bildquellen